Stichwort

Verhaltenstherapie

Steffen Fliegel

Originalausgabe

WILHELM HEYNE VERLAG
MÜNCHEN

HEYNE SACHBUCH
Nr. 19/4054

FACHLEKTORAT:
Ursula Nuber

REDAKTION:
Dr. Dieter Struss

GRAFIKEN:
Design-Studio Fleischer

KONZEPTION UND REALISATION:
Christine Proske
(Ariadne Buchproduktion)

Printed in Germany 1994
Umschlaggestaltung: Kaselow-Design
Herstellung: H+G Lidl, München
Satz: Satz & Repro Grieb, München
Druck und Verarbeitung: Pressedruck, Augsburg

ISBN 3-453-07839-X

Inhalt

I. Verhaltenstherapie heute

Die Verhaltenstherapie wird als eine psychotherapeutische Grundorientierung verstanden und hat seit Jahrzehnten ihren festen Platz in der psychosozialen und psychotherapeutischen Versorgung.

Wie kaum ein anderes psychotherapeutisches Verfahren hat sie in den vergangenen Jahren ihr theoretisches und methodisches Spektrum erweitert und bietet sich dadurch zur ambulanten und stationären Behandlung für PatientInnen mit sehr unterschiedlichen psychischen Störungen an. Sie integriert ein Bündel von Theorien. Doch gibt es heute keine universell akzeptierte Definition für die Verhaltenstherapie, ebensowenig kennt sie eine zentrale Technik oder einen gemeinsamen Begründer.

Es lassen sich allerdings sehr wohl Kennzeichen bzw. Prinzipien darstellen, die dem verhaltenstherapeutischen Vorgehen in der Praxis zugrundeliegen:

- Die Verhaltenstherapie orientiert sich an der wissenschaftlichen Psychologie und ihren Nachbardisziplinen. Sowohl die theoretischen Konzepte als auch die therapeutischen Methoden entstammen weitgehend der psychologischen Forschung. Sie sind dort wissenschaftlich überprüft bzw. sie lassen sich so transparent darstellen, daß sie der fachwissenschaftlichen Prüfung zugänglich sind.
- Menschliches Verhalten ist gelernt und kann wieder verlernt werden. Problematisches Verhalten unterliegt den gleichen Lernbedingungen wie sogenanntes »normales« Verhalten.
- In der Verhaltenstherapie wird menschliches Leiden aktuell, d. h. im Hier und Jetzt, beschrieben, erklärt und verändert.

Dabei betrachtet die Verhaltenstherapie den hilfesuchenden und seine Probleme verändernden Menschen als aktiv und bewußt handelnd sowie innerhalb seines sozialen Kontextes. Gründe für die psychischen Probleme und damit auch die Ansatzpunkte für die Therapie sind im Hier und Heute zu suchen. Einbeziehen muß man die soziale und physikalische Umgebung des Menschen sowie sein Verhalten, sein Erleben und seine Gedanken. Die Problemgenese hat darüber hinaus Bedeutung für das Verständnis der Entwicklung der Störung und der Vorsorge vor Rückfällen.

- Die Verhaltenstherapie verfolgt das Ziel, die Fähigkeit des Menschen zur Selbststeuerung in den Mittelpunkt therapeutischer Bemühungen zu stellen. Die Probleme des Menschen werden immer im Hier und Jetzt, das heißt aktualitätsbezogen, erklärt. Die Gründe für die Aufrechterhaltung der Probleme werden im Heute gesucht, und daraus ergeben sich auch die therapeutischen Ansatzpunkte in der Gegenwart des Menschen und seiner sozialen Umgebung.
- Verhaltenstherapie ist versteh- und durchschaubar (transparent). Der Patient bzw. die Patientin wie auch Außenstehende können die einzelnen Schritte des therapeutischen Ablaufs genau nachvollziehen. Das verständliche Erklären aller Aspekte des therapeutischen Vorgehens ist Bestandteil der Therapie. Dadurch werden die Maßnahmen akzeptiert und Rückfällen wird vorgebeugt.

II. Die Geschichte der Verhaltenstherapie ist auch die Geschichte der Lerntheorien

Unsystematische Beispiele verhaltenstherapeutischen Vorgehens lassen sich schon Ende des 19. Jahrhunderts finden. Die früheren Untersuchungen z. B. von Ernest Jones (1875–1958) zum Abbau von Ängsten, von Dunlop zur Negativen Praxis (ein aktives und bewußtes Durchführen des problematischen Verhaltens bis zur Erschöpfung dieses Verhaltens) sowie die Anwendungen der Aversionstherapie (das problematische Verhalten wird an eine aversive, d. h. sehr unangenehme, Situation konditioniert, gekoppelt) gelten zwar als Vorläufer der Verhaltenstherapie, doch gerade diese haben viele Kritiker mobilisiert.

Die Entwicklung der Verhaltenstherapie begann Mitte der fünfziger Jahre. Sie wurde damals zunächst nur als systematische Anwendung der Lerntheorien definiert. Zu jener Zeit stand die vorherrschende Psychoanalyse im Kreuzfeuer der Kritik, da die mangelnde Überprüfbarkeit der tiefenpsychologischen Grundannahmen und deren Wirksamkeiten zu unwissenschaftlich schien und die ärztliche Behandlung psychischer Störungen relativ beliebig wirkten.

Das bahnte der noch recht dogmatischen, an den Konzepten der wissenschaftlichen Psychologie orientierten und auf beobachtbares Verhalten fixierten Verhaltenstherapie den Weg als eine psychotherapeutische Alternative.

Verhaltenstherapeutisches Denken orientierte sich zunächst an den Ergebnissen der Lerntheorien, dem *Klassischen Konditionieren* und dem *Operanten Konditionieren.*

Vielen vertraut ist sicherlich folgender klassisch konditionierter Lernprozeß:

Ein bislang unbekanntes oder unbedeutendes Musikstück wird in einer gefühlsmäßig sehr angenehmen, z. B. sexuell erregenden Situation gehört. Tage oder Wochen später erklingt die gleiche Musik z. B. beim Kochen, im Büro oder beim Autofahren im Radio. Und, obwohl die Situation eher neutral ist, treten gleiche oder ähnliche Gefühle, Körperreaktionen, Gedanken wie »damals« wieder auf.

Klassisches Konditionieren

Das Klassische Konditionieren ist eng mit dem Namen Iwan Petrowitsch Pawlow (1849–1936) verbunden. (Lehre vom bedingten Reflex: der Hund, der bereits dann beim Ton des Glöckchens speichelt, auch wenn kein Fressen vorhanden ist, wenn davor mehrmals Nahrung gemeinsam mit den Glöckchentönen angeboten wurde.)
Klassische Konditionierungen (auch: respondentes Lernen) spielen vor allem beim Lernen von Gefühlen und bei mit starken Gefühlen verbundenen psychischen Störungen, vor allem Ängsten, eine Rolle.
Aufgrund dieses Modells lernen wir, schnell und fast automatisch auf einen Reiz bzw. eine Situation zu reagieren, mit der wir bestimmte Erfahrungen gemacht haben.
Meist sind Kognitionen (Gedanken, Vorstellungen), Emotionen (Freude, Angst, Wut, Lust) und Körperreaktionen (schneller Herzschlag, Schwitzen, Kribbeln, schwere Atmung) in einen solchen Lernprozess eingebunden.
So kann der menschliche Körper z. B. auf intensive Vorstellungen und innere Bilder so deutlich reagieren, daß sehr intensive Empfindungen ausgelöst werden.

Operantes Konditionieren

Das Operante Konditionieren ist mit dem Namen Burrhus Frederic Skinner (1904–1993) eng verbunden. (Gelernt wird, wenn eine Handlung den gewünschten Erfolg bringt, das heißt Lernen am Erfolg). Unser alltägliches Leben ist keineswegs nur dadurch geprägt, daß auf Situationen reagiert wird (vgl. Klassisches Konditionieren), wir wirken auch aktiv mit unserem Verhalten auf unsere Umwelt ein und fordern Reaktionen.

Diese Reaktionen der Umwelt (Konsequenzen), die unserem Handeln folgen, bestimmen im weiteren die Häufigkeit unseres Verhaltens.

Menschen lernen sehr schnell, unter welchen Bedingungen ein Verhalten belohnt oder bestraft wird. Ist ein operanter Lernprozess erfolgt, wirken die (zu erwartenden) Konsequenzen verhaltensfördernd, wenn eine Belohnung (positive Verstärkung) oder die Beendigung einer unangenehmen Situation (negative Verstärkung) erwartet werden kann.

Die Konsequenzen wirken aber ebenso verhaltenshemmend, wenn sie eine Bestrafung nach sich ziehen: Etwas Unangenehmes folgt oder eine angenehme Situation fällt weg.

BEISPIELE:

Ein Mädchen hat einen lispelnden Sprachfehler. In der Schule lachen die Mitschüler, wenn sie redet. Nach einiger Zeit sagt sie kaum mehr etwas. In eine Waldorfschule versetzt, lacht niemand mehr, und bald nimmt das Mädchen wieder wie früher am Unterricht teil.

Ein Junge, der von seiner Lehrerin für seine Schulaufgaben gelobt wird, macht fast immer seine Aufgaben.

Menschliche Lern- und Entwicklungsprozesse können niemals isoliert einem einzigen Lernmodell zugeschrieben werden. Gerade bei der Entstehung komplexer psychischer Probleme können die beschriebenen Lernvorgänge nur selten als isoliertes Paradigma, das heißt Erklärungsmodelle, betrachtet werden.

In den sechziger Jahren gewannen die sogenannten sozialen Lerntheorien an Einfluß. Das waren Theorien, die die spezifischen menschlichen Fähigkeiten und Lebensumstände in der sozialen Umwelt von vornherein berücksichtigten. Im Vordergrund stand vor allem das sogenannte Lernen durch Modell (Modell- oder Imitationslernen): Gelernt wird durch Nachahmung des Verhaltens anderer Personen. Soziale Einflüsse geben Hinweise auf erwünschtes oder unerwünschtes Verhalten.

Modellernen ist ein Lernprozess besonders für den Erwerb komplexer Handlungen. Dieses Modell ist eng mit dem Namen Albert Bandura (geb. 1925) verbunden.

BEISPIEL:

Ein Kind kann Ängste vor oder Liebe für bestimmte Tiere sowohl durch eigene Erlebnisse, aber auch durch Filme oder Märchen erwerben, ohne daß es mit diesen Tieren jemals selbst direkten Kontakt hatte.

Komplexe Maschinenführung oder Spezialoperationen können am besten durch Beobachtung von KollegInnen gelernt werden.

In den siebziger Jahren gab es die sogenannte kognitive Wende. Das Innenleben des Menschen hielt Einzug in die Verhaltenstherapie, das nicht direkt zu Beobachtende, vor allem die Gedanken. Ihnen kam ein wichtiger Stellenwert für das Erleben von Gefühlen und die Steuerung von Verhalten zu. Entwickelt wurden Erklärungen darüber, wie Menschen Probleme lösen können (Ansätze des Problemlösens), wie der Mensch Informationen verarbeitet

(Verbindung zwischen Umwelt und Verhalten) und welcher Zusammenhang zwischen Verhalten, Gedanken und Gefühlen besteht.

Weiterhin galt: Akzeptiert und angewendet wird nur, was durch die Wissenschaft, also durch Untersuchungen, gesichert und bestätigt ist. Die Ansätze des Operanten und Klassischen Konditionierens behielten aber weiterhin ihre Berechtigung.

Die wissenschaftliche Entwicklung der Verhaltenstherapie hält bis heute an, und das Ende ist noch nicht abzusehen.

Noch heute wird die damalige Übertragung der ersten Entwicklungsschritte der Lerntheorien aus Tierexperimenten auf menschliches Verhalten kritisiert, die Unbedenklichkeit der ersten menschlichen Versuche zu Studienzwecken und die Behandlungen durch die Methoden der Aversionstherapie.

Inzwischen besitzen die sozialen und die kognitiven Theorien eine deutlich größere Bedeutung in der Verhaltenstherapie, was auch heißt, daß die heutige Verhaltenstherapie mit ihren ursprünglichen Ansätzen nur noch wenig gemeinsam hat.

III. Grundlagen der Verhaltenstherapie

Im folgenden geht es nun um die Sichtweise von psychischen Störungen und um ihre Behandlung. Es geht um das Verständnis von Therapiezielen und um die Menschen in der Verhaltenstherapie.

1. Die Sichtweise psychischer Störungen in der Verhaltenstherapie

Das Verständnis von Gesundheit und Krankheit muß in Abhängigkeit vom jeweiligen gesellschaftlichen Kontext betrachtet werden. Lange Zeit betrachtete man psychische Störungen im sogenannten medizinischen Modell: Dies besagt, daß psychische Störungen von inneren Zuständen bestimmt werden. Zunächst wurden organische Ursachen angenommen, bis Sigmund Freud den psychiatrischen Symptomen innerpsychische Ursachen zuschrieb. Daraus leitete man die Behandlung psychischer Störungen ab, die im Menschen liegen.

Da in diesem Kontext die Bedeutung gesellschaftlicher Einflüsse auf psychische Störungen und die Beziehung zwischen sozialer Ordnung und psychischer Situation verschleiert wurden, fand dieses medizinische Modell zahlreiche Gegner.

Aus dieser Kritik entstand das sogenannte sozialwissenschaftliche Modell psychischer Störungen, welches auch der Verhaltenstherapie zugrundeliegt. Psychische Störungen werden nach dieser Theorie durch Umwelteinflüsse hervorgerufen, manipuliert und bekräftigt.

Verhaltensstörungen (und damit eine Vielzahl psychischer Störungen) können allerdings erst im Zusammenhang mit einem sozial gesetzten Maßstab als solche beschrieben werden: Es gibt keine Abgrenzung von normalem und nichtnormalem Verhalten, beides wird nach den gleichen Lernprinzipien erworben. Man lernt, daß Verhalten in bestimmten Situationen angemessen, erwünscht, nichtstörend oder normal bzw. unangemessen, unerwünscht, störend oder unnormal ist.

BEISPIEL:

Das Trinken von Alkohol gehört durchaus zu den sozial angemessenen und in bestimmten Gruppen sogar zu den sozial erwünschten Verhaltensweisen.

Morgens bereits zu trinken, verstößt jedoch gegen geltende gesellschaftliche Regeln, Alkohol beim Autofahren erst recht. Zuviel und übermäßiges Trinken wird in unserer Gesellschaft als krankhaft und abweichend eingestuft.

Es wird deutlich, daß es vom sozialen Umfeld abhängt, was normal ist. Das Etikett »nicht normal« bzw. »psychisch krank«, hat aber für den betroffenen Menschen oft einschneidende familiäre, soziale und berufliche Folgen.

Der Begriff des Verhaltens in der Verhaltenstherapie wird heute sehr umfassend definiert: Er kann sich beziehen auf Gedanken, Gefühle, körperliche Reaktionen, Lebenskonzepte oder letztlich wie schon früher: auf beobachtbare Verhaltensweisen.

BEISPIEL:

Menschen, die unter Depressionen leiden, beschreiben zum Beispiel auf der motorischen Problemebene, daß sie unbeweglich auf dem Bett sitzen. Kognitiv können verschiedene Gedanken identifiziert werden: »Am liebsten würde ich sterben«, »Wozu das alles«, »Ich bin zu nichts zu gebrauchen«, »Hoffentlich ist der Tag bald wieder zuende«. Körperlich könnte eine leichtes Zittern festgestellt werden, an Gefühlen beschreibt ein depressiver Mensch, daß er eine tiefe Leere empfindet und vom Alleinsein gequält wird.

Wenn die Verhaltenstherapie auch nicht von einem Persönlichkeitsmodell, wie zum Beispiel die Psychoanalyse, ausgeht, das sich aus einem Bündel nichtbeobachtbarer Eigenschaften zusammensetzt (z. B. ängstlich, ungesellig, erregbar, pessimistisch usw.), verneint sie doch nicht die individuelle Persönlichkeit des Menschen. Sie sucht nur eine andere Zugangsweise zum Individuum:

Die menschliche Persönlichkeit in der Verhaltenstherapie läßt sich am ehesten durch ein komplexes System von unterschiedlichen Verhaltensweisen in bestimmten Situationen erklären. Anstatt durch Charakterisierung einer Persönlichkeit läßt sich der Mensch in der Verhaltenstherapie durch bestimmte Reaktionen, Gefühle, Gedanken und körperliche Befindlichkeiten in bestimmten Situationen beschreiben. Die individuellen Kompetenzen bilden dabei die entscheidenden Bestandteile einer kognitiv-sozialen Lerntheorie als Kennzeichen für die Verhaltenstherapie.

Der Zusammenhang zwischen dem Auftreten psychischer Störungen und den sozialen Bedingungen macht die Verhaltenstherapie als psychotherapeutische Methode besonders geeignet für Interventionen, d. h. Anwendungen im sozialen Feld. Nachdem die Verhaltenstherapie aus ihren Kinderschuhen herausgewachsen ist, in denen sie sich unmittelbar auf verhaltenstheoretische Konzepte bezog, geht sie nun zunehmend in die »Gemeinde«, das menschliche Umfeld, und nimmt dort engen Kontakt auf mit verwandten Disziplinen wie Ökologie, Ökonomie und den Sozialwissenschaften. So kann die Verhaltenstherapie Ansatzpunkte für die Prävention psychischer Störungen vorgeben und kann von ihrem theoretischen Konzept her auch Veränderungen in Gemeinwesen und sogar von Gesellschaftsstrukturen vorschlagen bzw. sich organisatorisch an deren Entwicklungen und Veränderungen beteiligen.

Natürlich ist in einem solchen Zusammenhang der

Begriff »Therapie« weit überdehnt und unbrauchbar. Dennoch bietet der verhaltenstherapeutische Ansatzpunkt Möglichkeiten, Theorien über ökologische, soziale und ökonomische Ursachen und aufrechterhaltende Bedingungen für psychische Störungen aufzustellen. So ist es nicht nur unumgänglich, sondern auch erklärtes Ziel, das Lebensfeld und die natürliche Umgebung des Menschen soweit wie möglich und sinnvoll in das therapeutische Geschehen einzubeziehen.

2. Modelle der Problembeschreibung

Wie erwähnt, wird das Verhalten als abhängig von der tatsächlichen, physikalischen Umgebung betrachtet, da sich eine Person in ihren Aktivitäten in der Regel in Interaktionen mit ihrer Umwelt befindet. Verhalten ist in der Verhaltenstherapie das, was ein Mensch erlebt (reagiert, fühlt, denkt, körperlich empfindet) und in welchem Kontext er es tut. Eine Beschreibung des Problems, der Faktoren, die das Problem kontrollieren, und dem Mittel, durch die es verändert werden kann, sind wichtige »Erklärungen« zu dem Handeln des Menschen. Gleichzeitig werden Typisierungen und Eigenschaftszuschreibungen verhindert.

Die Verhaltenstherapie fragt in erster Linie, warum das Problem eines Menschen heute da ist, d. h., was es aufrechterhält.

Das funktionale Modell, das Kognitionsmodell und das Motivmodell liefern dafür drei wichtige und grundlegende Erklärungen.

Das funktionale Modell

Das funktionale Modell der Problembeschreibung blieb lange Zeit kennzeichnend und richtungsweisend. Seine Grundlagen sind die klassischen Lerntheorien. Zu den Bestandteilen des funktionalen Modells gehören:

R = Verhalten (Problemverhalten)
S = Stimulus als vorausgehende Umweltsituation, deren Einflüssen der Mensch ausgesetzt ist
O = Organismus, der biologische Zustand des Menschen
C = Konsequenzen, die das (Problem) Verhalten R bewirkt.

Das Verhalten R (im klinisch-psychologischen Sinne: das Problemverhalten) wird in diesem funktionalen Ansatz als abhängig angesehen von S, den situativen Bedingungen, vom Organismus O und der Art der nachfolgenden Konsequenzen C (engl.: consequences):

Daraus ergibt sich folgende Gleichung:

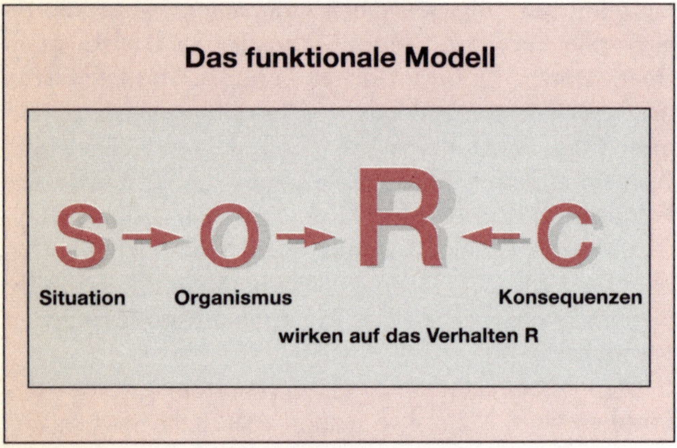

Das kognitive Modell

Das kognitive Modell entwickelte die Verhaltenstherapie zur sogenannten kognitiven Verhaltenstherapie. Es führte sie über die Grenzen der Lerntheorien hinaus. Der *Kognition*, dem »Innenleben« des Menschen, seinen Gedanken, seinen Gefühlen und seinen Einstellungen kam nun eine besondere Rolle zu.

Heute ist es selbstverständlich, daß es in der Verhaltenstherapie kognitive Methoden gibt. Es wurden Theorien über die Bedeutung von Gedanken für das menschliche Verhalten und speziell auch für die Entstehung und Aufrechterhaltung psychischer Probleme entwickelt. Daraus ergaben sich für die Therapie neben den herkömmlichen Methoden verhaltenstherapeutische Verfahren, die die Arbeit mit den menschlichen Gedanken, Einstellungen, Erwartungen, Phantasien usw. in den Mittelpunkt stellen.

Das kognitive Modell sagt aus, daß diesen Prozessen, also den verdeckten inneren Zuständen, eine Steuerungsfunktion für das Verhalten zukommt, das heißt, daß nicht eine äußere Situation uns Angst macht, sondern das, was wir darüber denken.

Michael Mahoney faßt die grundlegenden Annahmen der kognitiven Verhaltenstherapie 1977 folgendermaßen zusammen:

1. Der menschliche Organismus reagiert vor allem auf die kognitive (»innere«) Repräsentation, also die Darstellung oder Abbildung seiner Umgebung und nicht auf die Umgebung selbst.
2. Die kognitiven Repräsentationen sind funktional mit den Lernprozessen verbunden.
3. Menschliches Lernen ist zum großen Teil kognitiv vermittelt.

Kognition

Die Begriffe Kognition bzw. kognitiv werden in der Verhaltenstherapie als Sammelbegriff für verdeckte innere Zustände und Prozesse verwendet und beinhalten psychologische Vorgänge, wie zum Beispiel Wahrnehmung, Denken, Gedächtnis, Bewertung, Vorstellung, Erwartung, Bedeutung, Selbstgespräche, Phantasie, Wissen, Einstellung usw.

4. Gedanken, Gefühle und Verhalten sind interaktiv, sie bedingen einander.

Aus diesen allgemeinen Behauptungen lassen sich bestimmte Voraussagen ableiten. Wenn sie stimmen, dann müßten Phänomene wie Überzeugungen oder Erwartungen bessere Vorhersagen für menschliches Verhalten liefern als externe Zusammenhänge. Wenn es beispielsweise eine Diskrepanz zwischen den Kognitionen eines Menschen und der ihn umgebenen Realität gibt, dann beeinflussen die Kognitionen die Gefühle und das Verhalten stärker als die externe Realität.

BEISPIEL:

Inmitten einer fröhlichen Geburtstagsfeier sieht ein Mann viele glückliche Paare miteinander tanzen, reden und schmusen. Er denkt an seine Frau, die vor ein paar Jahren gestorben ist. Seine Gefühle sind inmitten der zur Fröhlichkeit einladenden Gesellschaft von Trauer erfüllt.

Auch die Umweltfaktoren spielen eine wichtige Rolle, da sie das »Rohmaterial« für die Kognitionen liefern. Eine Vorhersage für das Verhalten des Menschen ist daher sinnvollerweise aus Umweltfaktoren und Kognitionen gemeinsam zu treffen.

Für Verhaltenstherapeuten bedeutet die Einbeziehung interner Anteile des Problemverhaltens eine Einbuße an Stringenz, an Konkretisierbarkeit, an Beobachtbarkeit und an experimentellem Charakter bei der Planung und Durchführung der Therapie. Auf der anderen Seite bedeutet sie aber eine große Erweiterung der Interventionsmöglichkeiten, also der Therapiemethoden.

Das motivationale Modell

Im motivationalen Modell spielen die Ziele der Handlungen und die Bewertungen der Patientin und des Patienten eine Rolle. Den beschriebenen Symptomen und Problemen liegen spezielle Motive zugrunde. In der Umgangssprache könnte man sagen, daß der Patient seine Symptome braucht, um sich vor der Auseinandersetzung mit anderen Problemen zu schützen. Die Symptomatik kann notwendig sein, um Konfliktlösungen zu erreichen, um das aktuelle Selbstbild zu stützen oder um andere Belastungen von sich fernzuhalten.

Unangemessen ist es allerdings, hier von Hysterie oder Krankheitsgewinn zusprechen. Oftmals schützt die psychische Problematik, unter der die Menschen sehr leiden, vor noch schlimmeren oder schwerwiegenderen Problemen, deren Existenz bzw. deren Zusammenhänge mit den vorgegebenen Problemen oft im Verborgenem liegen.

Für die therapeutische Nutzung der Analyse der Motive können zum Beispiel folgende Fragen zu klären sein:

Nimmt sich der Patient hinsichtlich seiner eigenen Kompetenzen realistisch wahr oder über- bzw. unterschätzt er sich? Sind die Ansprüche an das eigene Verhalten realistisch oder unrealistisch? Ist der Patient in seinen Lebensvorstellungen widerspruchsfrei oder widersprüchlich? Geht der Patient zur Verwirklichung seiner Ziele effizient oder ineffizient vor? Sind die Ziele realistisch oder unrealistisch?

3. Der diagnostisch-therapeutische Prozeß

Das Vorgehen in der Verhaltenstherapie orientiert sich an der Analyse von Gründen, die an der Entstehung und Aufrechterhaltung von psychischen Problemen beteiligt sind. Dabei ist die Diagnostik am praktisch-therapeutischen Handeln orientiert, d. h. die Suche nach relevanten Aspekten in der Umwelt, im Verhalten, in den Gedanken und im Erleben (Analyse) beim Patienten hat direkten Einfluß auf die Auswahl entsprechender Methoden und Verfahren, die bei der Veränderung der problematischen Bedingungen von Nutzen sein können.

Das gesamte diagnostisch-therapeutische Vorgehen kann gesehen werden wie die Lösung eines Problems.

Der *diagnostisch-therapeutische Prozeß* in der Verhaltenstherapie kann entsprechend grob in sechs Abschnitte unterteilt werden.

Die sechs Schritte des diagnostisch-therapeutischen Prozesses

1. Problembeschreibung: Wie heißt das Problem?
2. Problemanalyse: Warum ist das Problem heute da, welche Gründe erhalten es aufrecht?
3. Analyse des zu erreichenden Therapieziels: Was soll durch die Therapie bewirkt/erreicht werden?
4. Planung der für die Erreichung des Therapieziels (für die Veränderung) sinnvollen Verfahren: Der Einsatz welcher verhaltenstherapeutischer Verfahren und Methoden wird in welcher Reihenfolge helfen, die Therapieziele zu erreichen?
5. Durchführung der therapeutischen Interventionen.
6. Erprobung und Bewertung der Veränderungsschritte.

Diagnostisch-therapeutischer Prozeß heißt also:

Der Patient/die Patientin bzw. deren Bezugsperson (z. B. Eltern oder Lehrer) kommen in die Therapie mit einem Problem. Therapeutin und Patientin einigen sich auf eine gemeinsame Sichtweise, Sprache, Beschreibung des Problems.

Mit verschiedenen diagnostischen Verfahren werden die Informationen gewonnen, die für die Erstellung der Problemanalyse (aus welchen Gründen ist das Problem heute da, und wie ist es entstanden) gebraucht werden. Anschließend leitet man aus dem individuellen Erklärungsmodell für die Probleme mit den Patienten kurz-, mittel- und längerfristige Therapieziele ab. Auch die Pla-

Der diagnostisch-therapeutische Prozeß mit seinen Vor- und Rückschleifen

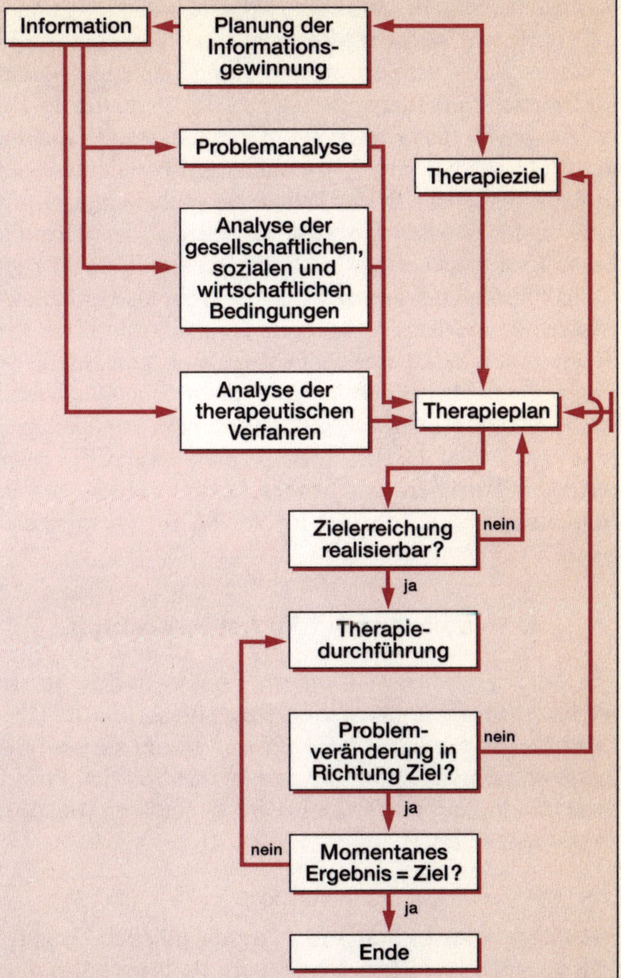

nung und der anfängliche Verlauf der therapeutischen Interventionen erwachsen aus der Problem- und der Zielanalyse.

In diesem Zusammenhang kann als wichtiges Ziel der Verhaltenstherapie formuliert werden, daß Patientinnen und Patienten zu jedem Zeitpunkt der Therapie immer »dort abgeholt werden, wo sie gerade stehen«. Sollten bestimmte Problemanteile oder aufrechterhaltende Bedingungen für die Probleme zum Zeitpunkt der Erstellung der Problemanalyse dem Patienten und Therapeuten noch nicht bekannt sein, da der Patient sie noch nicht preisgibt oder spürt, werden sie sich im Verlauf der Therapie bemerkbar machen, ggf. auch als Störung. Dies ist nach verhaltenstherapeutischem Denken nicht als Fehler oder Mißerfolg anzusehen, sondern es wird im Sinne des diagnostisch-therapeutischen Vorgehens gewünscht. In Form einer Rückschleife kann dann zur Diagnostik, zur Problemanalyse, zur Zielanalyse oder zur Therapieplanung zurückgekehrt, der Verlauf ergänzt, erweitert oder korrigiert und weitergeführt werden. Solche Schleifen können mehrfach im Verlauf der Therapie auftreten.

4. Menschen in der Verhaltenstherapie

Die beiden wichtigen Gruppen von Menschen in der Verhaltenstherapie sind der/die PatientIn und der/die TherapeutIn. Im therapeutischen Prozeß bauen sie eine Beziehung zueinander auf, die den therapeutischen Prozeß trägt und Verlauf und Ergebnis der Therapie in wichtiger Weise mitbestimmt.

PatientInnen

Menschen können aus sehr unterschiedlichen Gründen Hilfe suchen: Sie können selbst ein Problem haben und darunter leiden. Patienten können aber auch unter den

Symptomen anderer leiden, z. B. der Eltern oder des Partners. Menschen können jedoch auch dadurch zu Patienten werden, weil sie nicht den Normen und Vorstellungen *der* Gesellschaft entsprechen, in der sie leben.

Menschen, die therapeutische Hilfe in Anspruch nehmen, haben meist schon mehrere fehlgeschlagene eigene Versuche zur Problemlösung hinter sich und sehen sich nicht mehr in Lage, ihre psychischen und sozialen Schwierigkeiten alleine zu bewältigen.

Der Schritt, fremde Hilfe in Anspruch zu nehmen, ist meist auch Ausdruck eines stärkeren inneren oder äußeren Leidensdrucks, verbunden mit Erwartungen, Vorstellungen, Ängsten und Hoffnungen an eine therapeutische Hilfe bzw. an die Personen, die die Hilfe anbieten, nämlich die TherapeutInnen.

Oft herrschen Rat- und Hilflosigkeit vor: »Irgendetwas stimmt mit mir nicht«, »Ich weiß gar nicht, was mit mir los ist«, »Können sie mir nicht helfen?«, »Es ist alles so schlimm, ich sehe gar keinen Sinn, irgendwo anzufangen«, usw.

Probleme und Wünsche stellen die Hilfesuchenden meist in Begriffen des medizinischen Krankheitsdenkens dar: »Ich habe eine Depression«, »Ich habe Minderwertigkeitskomplexe«, »Ich möchte wieder so gesund sein wie früher«. Manchmal werden auch Probleme klar formuliert bzw. irgendwie in Erfahrung gebrachte Methoden zur Hilfe unterbreitet: »Ich habe Angst, wenn ich über Brücken fahre«, »Ich kann nicht mehr richtig lernen und mich konzentrieren«, »Ein Entspannungstraining wäre für mich das Richtige«, »Meine Tochter ißt viel zuviel, sie hat wahrscheinlich eine Menge Probleme mit sich und mit uns«, »Bieten Sie auch Hypnose an?«.

So unterschiedlich wie die bisherigen Erfahrungen und Erlebnisse der Patienten und Patientinnen, so unterschiedlich sind auch die geäußerten Vorstellungen, Erwartungen und Ziele.

Die persönliche Änderungsbereitschaft des Patienten ist entscheidend dafür, ob er durch den verhaltenstherapeutischen Prozeß lernt, seine Probleme in ihren Zusammenhängen zu erkennen und zu lösen. Selbstbewußte Menschen, die Vertrauen zu ihren eigenen Fähigkeiten besitzen, haben zunächst eine gute Ausgangsbasis.

Die Familie, Freunde, Arbeitskolleginnen und Kollegen, Lehrer usw. tragen oft, ohne es zu wissen, zur Aufrechterhaltung des Problems bzw. Symptoms eines Menschen mit bei.

So kann z. B. der Ehemann zu den Ängsten seiner Frau beitragen, in dem er ihr in liebgemeinter Fürsorge alle Anforderungen aus der Hand nimmt, sie dadurch aber immer unselbständiger und abhängiger wird. Andererseits können Veränderungen von Patienten (z. B. mehr Selbstsicherheit, weniger »ducken«) auch bedrohlich auf die Umwelt wirken, besonders dann, wenn irgend jemand von den Symptomen »profitiert« hat. Hier versucht die soziale Umwelt leicht, erste kleine therapeutische Veränderungen des Patienten zu verhindern oder sogar zu bestrafen.

Es kann sinnvoll sein und wird häufig praktiziert, Bezugspersonen – besonders die an dem Problem Beteiligten und Mitleidenden – in den therapeutischen Prozeß einzubeziehen, entweder direkt oder dadurch, daß die PatientInnen die konstruktive Auseinandersetzung mit ihrer Umwelt lernen.

Die Motivation von PatientInnen zur Therapie kann nicht als feststehend betrachtet werden. Aufgabe von TherapeutInnen ist es gerade zu Beginn der Behandlung, Vertrauen und eine positive Erwartung in die Psychotherapie aufzubauen. Änderungsbereitschaft bzw. Motivation im Sinne der Zielsetzungen des Patienten zu stärken und zu fördern, gehört zum therapeutischen Prozeß. Daher sprechen die folgenden ungünstigen bzw. günstigen

Voraussetzungen für die Therapiemotivation nicht für oder gegen Verhaltenstherapie.

Ungünstig für die Therapiemotivation wirken sich u. a. aus:

- Angst vor Veränderungen
- Resignation aufgrund mißglückter Lösungsversuche
- eine oder mehrere mißlungene Therapien
- starke Zuschreibung der Problemursachen nach außen
- kein klares Konzept für Änderungen und deren Bedingungen vorhanden
- starker Krankheitsgewinn, also Aufrechterhaltung der Probleme durch positiven Gewinn, oder die psychische Störung besteht als Schutz vor massiveren Problemen
- starke Defizite, d. h. alternative Kompetenzen fehlen

Dementsprechend wirken sich nach Dirk Zimmer folgende Punkte günstig auf die Therapiemotivation aus:

- hoher Leidensdruck
- Hoffnung auf Änderung, positive Therapieerwartung
- Akzeptierung des Therapeuten / der Therapeutin als vertrauenswürdigen Experten / Expertin
- Akzeptierung des Therapiekonzeptes, das hohe Eigenbeteiligung des Patienten vorsieht (gute Arbeitshaltung)

TherapeutInnen

Die TherapeutInnen bieten den Patienten ihre fachlichen und persönlichen Fähigkeiten (Kompetenzen) an, um diese in der Bewältigung ihrer Probleme anzuleiten und zu unterstützen. Insofern ist Verhaltenstherapie, wie jede andere psychosoziale Intervention, eine Dienstleistung, die angefordert werden kann.

Auch wenn es das Ziel der Therapie ist, Patienten zu helfen, ihr eigener Therapeut bzw. ihre eigene Problemlöser zu werden und eine größtmögliche Zusammenarbeit, Mitarbeit und Aktivität des Patienten angestrebt wird, trägt der Therapeut zumindest zu Beginn den größten Teil der Verantwortung für den Verlauf der Behandlung. Seine Aufgabe ist es, eine vertrauensvolle, angst- und streßreduzierende Atmosphäre zu schaffen, in der es dem Patienten möglich wird, auch über schwierige Probleme zu sprechen, Gefühle zu äußern, auszuprobieren und neue Erfahrungen zu machen.

Der Therapeut strukturiert und plant die Therapie in Zusammenarbeit mit dem Patienten und ist als Fachperson ein wichtiger Beziehungspartner für den Patienten bei der Bestimmung der Therapieziele, der Reflexion von Handlungskonsequenzen und der Festlegung der Interventionen. Durch seine Zuversicht und Ermutigung kann er dem Patienten helfen, seine Ängste vor der direkten Problembearbeitung abzubauen.

Der Therapeut ist für den Patienten ein wichtiger Mensch bei der Bearbeitung und Bewältigung von dessen Problemen. Er kann den Patienten bekräftigen, Teilziele zu erreichen, die beim Anstreben des vom Patienten gesetzten Therapieziels notwendig sind. Diese Rückmeldungen haben Bedeutung, da die gewünschten Konsequenzen für den Patienten oft erst nach Erreichung des gesamten Ziels eintreten.

Neben der fachlichen Kompetenz fließen natürlich auch der eigene persönliche Erfahrungshintergrund des Therapeuten, eigene positive und negative Erfahrungen beim Problemlösen, eigene Schwierigkeiten mit den vom Patienten geäußerten Problemen sowie Sympathie bzw. Abneigung dem Patienten gegenüber in das Therapiegeschehen mit ein.

Der Patient sieht den Therapeuten als Fachperson, braucht seine Hilfe. Das gibt dem Therapeuten Macht, und es ist wichtig, daß Verhaltenstherapeuten (wie alle Therapeuten) folgende Kriterien erfüllen,

- eine gründliche Ausbildung haben
- in der Lage sind, ihr eigenes Verhalten zu reflektieren
- sich ethischen Grundsätzen unterwerfen und
- selbst an einer eigenen regelmäßigen Supervision teilnehmen

um ihren PatientInnen eine individuelle Emanzipation zu ermöglichen.

Die aktive Reflexion eigener Einstellungen und Verhaltensweisen, ein möglichst reichhaltiges und flexibles Repertoire, Selbstvertrauen und emotionale Wärme sowie ein starkes soziales Engagement und Interesse an der Entwicklung neuer Lebensperspektiven für den Patienten sind somit nur einige Bedingungen, die von unterschiedlichen Autoren an die Kompetenz und Einstellung von VerhaltenstherapeutInnen gestellt werden.

Den diagnostisch-therapeutischen Prozeß in der Verhaltenstherapie ernst zu nehmen, bedeutet darüber hinaus, die Offenheit und die Transparenz zu verwirklichen, die dem verhaltenstherapeutischen Ansatz zugrunde liegt.

Die therapeutische Beziehung

Wenngleich in der Verhaltenstherapie die Anwendung spezifischer Verfahren und Methoden stark betont wird, kommt der Beziehung zwischen TherapeutIn und PatientIn eine große Bedeutung zu. Immer mehr Untersuchungen betonen diese Wichtigkeit. Auch wenn wissenschaftlich noch unzureichend geklärt ist, wie verhaltenstherapeutisches Vorgehen und die Patient-Therapeut-Beziehung genau zusammenwirken, ist unbestritten, daß sie wesentlich zum Prozeß der Problemverarbeitung beiträgt.

Die Therapeut-Patient-Beziehung in der Verhaltenstherapie ist keine therapeutische Methode, sie soll durch ihre Güte dazu beitragen, Strategien zur Problemlösung zu vermitteln und die Umsetzung der therapeutischen Verfahren zu ermöglichen. Die therapeutische Beziehung existiert, sie läßt sich nicht An- oder Abschalten. Allerdings unterscheidet sich die therapeutische von einer alltäglichen Beziehung nicht nur durch die Vergütung und den professionellen Charakter, sondern auch dadurch, daß es vorrangig darum geht, die Probleme des einen mit Hilfe der Kompetenz des anderen zu beheben. Der Therapeut stellt zuerst Hypothesen über die Art der Problematik auf und entscheidet dann, was er als notwendige Schritte ansieht, um eine Verbesserung der Lage des Patienten zu erreichen. Dies unterscheidet Therapie von Freundschaft, auch wenn Therapie entscheidene Merkmale einer guten zwischenmenschlichen Beziehung tragen muß.

5. Ziele und Zielsetzungen in der Verhaltenstherapie

Ziel der Verhaltenstherapie ist – ebenso wie in anderen Therapierichtungen – die Beseitigung des psychischen Problems bzw. die Wiederherstellung und Verbesserung der psychischen Gesundheit.

Die Deutsche Gesellschaft für Verhaltenstherapie (DGVT) formuliert in ihrer Satzung:

»Therapie verfolgt die Ziele: Einsicht vermitteln in die Rahmenbedingungen psychischer Störungen, Befähigung zur aktiven Teilnahme am Lebens- und Arbeitsprozeß, Befähigung zur aktiven Veränderung der Umweltbedingungen«.

Diese Forderungen an die Verhaltenstherapie betrachten den Menschen als aktives und bewußt handelndes Wesen und implizieren die Zielsetzung, die Fähigkeit des Menschen zur Eigensteuerung in den Mittelpunkt therapeutischer Bemühungen zu stellen. Der Mensch soll aktiv daran beteiligt werden, seine unmittelbare Umwelt so zu gestalten, daß die für seine psychische Situation schädigenden Einflüsse verändert werden.

Daraus läßt sich schlußfolgern, daß die sich ihr zuordnenden TherapeutInnen den PatientInnen nicht sagen können (und auch nicht sagen sollen), wie diese ihr Leben zu führen hätten, und was sie durch die Therapie erreichen sollten. Die TherapeutInnen können den PatientInnen jedoch Mittel und Möglichkeiten an die Hand geben, eigene Ziele herauszufinden und zu formulieren, Voraussetzungen für die persönlichen und sozialen Veränderungen zu schaffen, sich an Werten zu orientieren, wenn sie zwischen den Konsequenzen alternativer Lebensstile und institutioneller Strukturen entscheiden müssen.

Der Anspruch, den sich die Verhaltenstherapie zu eigen macht, muß für die direkte therapeutische Arbeit konkretisiert werden. Es leiten sich daraus hohe Anforderungen an die TherapeutInnen ab, nicht Vollzugsbeamte gesellschaftlicher Anpassungsstrategien zu werden, aber auch nicht ihre eigenen Wertvorstellungen bzw. die ihrer sozialen Gruppe zum Maßstab therapeutischer Zielsetzungen zu machen. Die Alternative für den verhaltenstherapeutischen Prozeß besteht darin, die Therapieziele zunächst wenn möglich vom Patienten festlegen zu lassen, von Beginn an gemeinsam mit ihm zu diskutieren und im Verlauf der Therapie immer wieder zu hinterfragen und zu präzisieren.

Die unterschiedlichen Machtverhältnisse und die damit verbundene Gefahr zu starker Einflußnahme durch den Therapeuten bedürfen einer besonderen Transparenz und Offenheit im therapeutischen Prozeß, die insbesondere bei der Erstellung von Problem-, Zielanalyse und Therapieplan in der Verhaltenstherapie vorausgesetzt werden.

Das übergreifende Ziel in der Verhaltenstherapie, daß nämlich der/die Patient/in nicht nur sein/ihr Problem löst, sondern daß die Therapie ihn generell zur besseren Problemlösung befähigt, schließt durchaus einen vor allem zu Beginn aktiven und zum Teil auch direktiven, also richtungweisenden, Therapeuten ein. Der Therapeut ist Fachperson, insbesondere bei der Erarbeitung der Problemzusammenhänge sowie beim Anbieten konkreter Möglichkeiten zur Problembewältigung. Dabei muß frühzeitig das Selbsthilfepotential der Patienten erkannt und aufgegriffen werden, Therapeut und Therapeutin blenden ihre professionelle Hilfe im Laufe der Behandlung zunehmend aus.

Daraus lassen sich übergeordnete therapeutische Ziele ableiten:

- Der Patient/die Patientin wird fähig, derzeitige und zukünftige psychische und soziale Probleme selbst lösen zu können. Dazu muß er/sie die entsprechenden Fertigkeiten in der Therapie vermittelt bekommen und erlernen.
- Der Patient/die Patientin erkennt seine/ihre Erfahrungen und stellt seine/ihre Erwartungen fest, die Einfluß auf sein/ihr eigenes Verhalten haben.

Die übergeordneten Zielsetzungen in der Verhaltenstherapie resultieren aus einer bestimmten Sicht- und Handlungsweise, die sich aus ihren Grundlagen ableiten. Diese übergeordneten Zielsetzungen bedürfen individuell der Formulierung konkreter Therapieziele, die sich aus der Person des Patienten ergeben.

IV. Verhaltenstherapie als Psychotherapie

1. Die Problemanalyse – das Kernstück der Verhaltenstherapie

Das erste große Ziel einer Verhaltenstherapie ist in der Regel eine umfassende Problemanalyse. Durch die Problemanalyse versucht man folgende Fragen zu beantworten:

Welche *Problembereiche* sind relevant für eine therapeutische Veränderung, unter welchen Problemen leidet der Patient/die Patientin oder seine/ihre Umwelt? Welche Probleme verlangen eine Veränderung hinsichtlich ihrer Häufigkeit, ihrer Intensität, ihrer Dauer und der Umstände, unter denen sie auftreten?

Welche Gründe sind heute für die *Aufrechterhaltung* der psychischen Probleme von Bedeutung, welche Gründe für die frühere Entstehung der Probleme?

In Deutschland ist die Problemanalyse eng mit der Person von Dietmar Schulte (geb. 1944) verbunden, in den USA förderte deren Entwicklung Frederick H. Kanfer (geb. 1925).

In der Problemanalyse beschreibt man zunächst die psychischen Probleme und teilt sie ggf. in einzelne Teilprobleme auf. Anschließend werden Annahmen darüber formuliert, welche Gründe für die Existenz bzw. Aufrechterhaltung der heutigen Probleme vorhanden sind.

Da aus der Problemanalyse, dem Herzstück der Verhaltenstherapie, die Ziele der Therapie und die Veränderungsverfahren abgeleitet werden, sollten sich Therapeut und Patient für diesen Teil genügend Zeit nehmen. Je mehr der Patient in der Lage ist, nun – nach etwa drei bis sechs psychotherapeutischen Sitzungen – sein Problem im verhaltenstherapeutischen Denken zu beschreiben und die Gründe für die Existenz der Probleme mit therapeutischer Hilfe eigenständig zu erkennen und zu formulieren, um so mehr Einsicht und Motivation können für den weiteren therapeutischen Verlauf auf Seiten des Patienten erwartet werden.

In der Zusammenarbeit zwischen PatientIn und TherapeutIn ist bei der Erstellung der Problemanalyse folgendes Vorgehen üblich:

- Das *Gesamtproblem* (z. B. Arbeitsstörungen) wird in einzelne *Teilprobleme* aufgeteilt (zu geringe Konzentration, häufige Ablenkungen, Angst vor Versagen, Einschlafschwierigkeiten).
- Im weiteren Vorgehen prüft man, ob die *Lebensbedingungen* des Patienten eine Veränderung zulassen und ob die *gewünschten Ziele* des Patienten aufgrund äußerer Gegebenheiten erreichbar, schwer erreichbar oder nicht erreichbar sind.
  (Das aggressive Verhalten eines Kindes kann aufgrund des Fehlens von familiärer Geborgenheit existieren. Ohne familiäre Geborgenheit lassen sich die aggressiven Verhaltensweisen des Kindes vermutlich nicht verändern.
  Das depressive Verhalten einer Frau kann eine weitgehend angemessene Reaktion auf eine verzweifelte wirtschaftliche und soziale Lage sein.
  Den Wunsch des neunzehnjährigen jungen Mannes, eine gleichaltrige Studentin zu heiraten, bedrohen die Eltern mit Entzug der finanziellen Ausbildungsförderung.)
- Es werden mögliche *körperliche* und *geistige Beeinträchtigungen* untersucht.
  (Organische Schlafstörungen, Hirnschädigungen, übermäßiger Tablettenkonsum usw. können – auch wenn sie nicht in einem direkten Zusammenhang mit

den psychischen Problemen stehen – die Erreichung der therapeutischen Ziele beeinträchtigen oder verhindern.)

- Das zu verändernde psychische Problem wird nun *konkreter* beschrieben.
  (Probleme können in Formen bestimmter unangemessener Verhaltensweisen auftreten: z. B. übermäßiger Alkoholkonsum, Angstreaktionen, Stottern, Verhalten in depressiven Stimmungen; oder Probleme treten auf, weil ein wichtiges, angemessenes und notwendiges Verhalten nicht gezeigt wird bzw. nicht gezeigt werden kann: z. B. Kontakt aufnehmen, mit dem Partner über Probleme sprechen können, Lernverhalten zeigen, Orgasmus erleben, selbstsicher auftreten können.)
- Man beschreibt die *Entwicklung der psychischen Probleme* (Genese) und untersucht die bisherigen Bemühungen, das Problem selbst in den Griff zu bekommen.
- Je nach Art des Problems und der zu erwartenden aufrechterhaltenden Bedingungen können nun *unterschiedliche Formen der Problemanalyse* vorgenommen werden:
  Funktionales Modell: Das Problem wird in Abhängigkeit von den vorausgehenden Situationen oder den nachfolgenden aufrechterhaltenden Bedingungen analysiert.

Formen der Problemanalyse

Funktionale Analyse
Analyse der Kognitionen
Analyse der Motive
Analyse der Beziehungen
Analyse der Kommunikation
Analyse der Gefühle

BEISPIELE:

Starke Ängste können dadurch ausgelöst werden, daß die angstmachende Situation auftritt: Ehepartner schlägt Patientin mit panikartigen Ängsten vor engen Räumen den Besuch einer Theaterveranstaltung vor.

Die kognitive Analyse: Analysiert werden Gedanken und Vorstellungen, die das Problem fördern und aufrechterhalten. Das können Gedanken sein, die:

- falsch, übertrieben oder einseitig sind,
- unerwünschte Gefühle fördern,
- ein gewünschtes Verhalten erschweren,
- Bewältigungen verhindern,
- falsches Wissen und Wissenslücken über Sachverhalte, Zusammenhänge und Verursachungen aufzeigen.

BEISPIELE:

»Ich werde das nicht schaffen, gleich kommt die Angst wieder.« – »Hans geht nicht ans Telefon, weil er mich unausstehlich findet, das passiert nur, weil ich nichts tauge.« – »Ich werde es nie schaffen, mit meinen Ängsten fertig zu werden.« – »Niemand liebt mich.« – «Der schnelle Puls führt zum Herzinfarkt.« – »Mit meinen Fähigkeiten werde ich es im Leben zu nichts bringen.«

Die Analyse der Motive: Bei der Motivationsanalyse geht es darum, den Sinn und die Notwendigkeit, also die Motive dafür zu untersuchen, warum der Patient auch mit seinen Problemen leben muß. Manchmal sind die Symptome (in der Regel unbewußt) notwendig, um das aktuelle Selbstbild zu stützen oder den Patienten vor anderen Belastungen oder der Auseinandersetzung mit anderen Problemen zu schützen. Es liegen also den beschriebenen Symptomen spezielle Motive zugrunde, die der Patient braucht, um sich vor der Auseinandersetzung mit anderen Problemen zu schütztten.

BEISPIELE:

Die Angst vor dem Autofahren kann einen Menschen vor »Ausbruchsversuchen« aus seiner Ehe bewahren. Die Depressionen, aufgrund derer man krankgeschrieben ist, schützen einen vor den Anfeindungen von Kollegen.

Diese Zusammenhänge »aufzudecken« bzw. herauszuarbeiten ist Aufgabe des problemanalytischen Teils in der Verhaltenstherapie.

Je nach Art der Problematik und der Ausbildung des Therapeuten / der Therapeutin stehen der Verhaltenstherapie potentiell weitere Möglichkeiten offen: Die *Beziehungsanalyse* kann den Zusammenhang zwischen sozialen Beziehungen (in der Partnerschaft, in der Familie, im Berufsfeld, in sozialen Gruppen) und dem geäußerten psychischen Problem deutlich machen.

Die *Emotionsanalyse* arbeitet den Zusammenhang zwischen Gefühlen und Verhalten heraus.

Eine *Kommunikationsanalyse* stellt die Bedeutung der Kommunikation eines Menschen bzw. zwischen zwei und mehr Menschen in den Vordergrund stellt.

In der Regel werden gerade bei komplexen Problemen mehrere, veschiedene Analysen notwendig sein, um die Frage hinreichend zu beantworten, warum die Probleme zur Zeit da sind und welche Gründe für die Aufrechterhaltung heute vorliegen.

Je nach Kompetenz des Therapeuten/der Therapeutin können psychische Probleme aus unterschiedlichen Sichtweisen betrachtet und dadurch unterschiedlich analysiert werden:

BEISPIEL: Impotenz

Organische Analyse: Der Blutfluß in den Quellkörpern des Penis ist zu gering.

Funktionale Analyse: Die Versagensangst vor jeder sexuellen Situation läßt keine Erregung und damit auch keine Erektion aufkommen.

Kognitive Analyse: Gedanken wie, »Bei mir klappt's nicht, weil körperlich etwas nicht in Ordnung ist«, »diesmal muß es klappen«, »auch mein Penis zeigt mir, daß ich in meinem Leben nur noch versage«, tragen dazu bei, daß die sexuelle Situation nicht lustvoll erlebt wird.

Motivanalyse: Die sexuelle Störung verhindert, daß der Mann sich mit noch existenzielleren und belastenderen Problemen auseinandersetzen muß, nämlich z. B. mit seiner tiefen Angst vor dem weiblichen Geschlecht oder seinen Identitätsproblemen bezüglich seiner männlichen / heterosexuellen Lebensform.

Kommunikationsanalyse: Der Mann und seine Partnerin haben es nicht gelernt, sich über ihre sexuellen Wünsche und Bedürfnisse auseinanderzusetzen bzw. sich darüber auszutauschen. Sexuelle Berührungen sind für ihn z. B. schmerzhaft, aber der Mann teilt dies seiner Partnerin nicht mit.

Beziehungsanalyse: Der Mann erlebt seine Partnerin in allen Bereichen der Beziehung als druckvoll und dominierend. In der Sexualität ist er dank seiner sexuellen Störungen der Stärkere und kann sich gegen die Forderungen seiner Frau auflehnen.

Soziologische Analyse: Das Leben mit vier Kindern in äußerst beengten Wohnverhältnissen ohne ein eigenes Schlafzimmer belastet den Mann und verhindert das Ausleben seiner lustvollen und sexuellen Bedürfnisse.

Oftmals können erst die Zusammenhänge verschiedener Sichtweisen der psychischen Problematik ein abgerundetes Bild über die aufrechterhaltenden Gründe/Bedingungen der Probleme geben und so auch eine Kombination verschiedener therapeutischer Vorgehensweisen bei der Bewältigung der Probleme notwendig machen.

2. Die Zielanalyse

Bei der Zielanalyse geht es um die konkrete Zielfindung und darüber hinaus um die Frage, welche Rolle der Therapeut bei dieser Zielanalyse innehat.

Ausgehend von dem Problemzustand (Problemanalyse) wird gemeinsam mit dem Patienten ein vorläufig erwarteter Zielzustand beschrieben.

In die *Zielfindung* gehen ein:
- die erarbeiteten Problembedingungen und Problemzusammenhänge (Problemanalyse)
- die persönlichen Änderungswünsche, Hoffnungen und Fähigkeiten des Patienten
- die Erwartungen der Sozialpartner
- die Lebensbedingungen
- die therapeutischen Möglichkeiten der Selbst- und Fremdbehandlung

Einige Patienten haben sehr vage Vorstellungen über ihr Problem und dessen Ursachen, andere Patienten können gleich zu Beginn der Therapie konkret eine Diagnose benennen und schildern, was zu tun ist, und was sie erreichen wollen.

Angemessene Lösungen und annehmbare Kompromisse können nur dann gefunden werden, wenn eine gute Kommunikation zwischen allen Beteiligten zustandekommt und jeder seinen eigenen Standpunkt offen und deutlich darlegt, so daß Einspruchs- und Korrekturmöglichkeiten für jeden der Beteiligten bestehen.

Die Aussage »Der Patient bestimmt die Therapieziele« ist wünschenswert, aber doch sehr idealistisch und zum Teil unrealistisch. Die realisierbaren Ziele können oft erst durch die Therapie gefunden werden. Den Patienten fehlt gerade zu Beginn der Therapie oftmals das Wissen über die Ursachen und die aufrechterhaltenden Bedingungen ihrer Probleme. Ein Patient lebt in einer Gesellschaft mit

Werturteilen und Normen, die ihn für seine Einstellungen und sein Verhalten belohnt oder bestraft. Auch Patienten mit geistigen Behinderungen oder verminderter Intelligenz sind kaum in der Lage, eigenständige Ziele zu formulieren. Der Therapeut, selbst Teil der Gesellschaft, hat eine persönliche Lerngeschichte, hat Erfahrungen, eigene Norm- und Wertvorstellungen sowie eine theoretische Orientierung und das fachliche Wissen bzw. die Erfahrung für die Problemveränderung. Auch er unterliegt gesellschaftlichen und institutionellen Zwängen, und das impliziert, daß der Therapeut Machtkontrolle ausüben kann.

Fazit: Therapieziele können letztlich nur durch die PatientInnen selbst definiert werden. TherapeutInnen können ermutigen, aktivieren, unterstützen und beraten. Erst wenn der gewünschte Zielzustand der Therapie beschrieben ist, können konkrete Mittel, Methoden und Vorgehensweisen überlegt und ausgewählt werden, die im Verlauf der weiteren Therapie zur Zielerreichung führen können. Durch diesen Weg kann »blindes« therapeutisches Handeln vermieden werden.

Häufiger werden von den Patienten auch unrealistische Therapieziele benannt, die oft allerdings gerade Grundlage der psychischen Problematik sind: Beendigung der Arbeitslosigkeit, Veränderung der Schulsituation, Abbau der von Prüfungen ausgehenden Streßsituationen, Verhinderung schwerer Erkrankungen usw. Hier kann die Therapie zum Abbau des individuellen Leistungsdrucks beitragen.

3. Die Veränderungsplanung

Während die Problemanalyse das psychische Problem auf seine aktuellen Gründe hin untersucht, die Zielanalyse dessen erwünschten und durch die Therapie zu erreichenden Zielzustand definiert, legt die Therapieplanung die

Verhaltenstherapeutische Intervention

Allgemein formuliert soll die verhaltenstherapeutische Intervention die Patienten vorrangig zur Eigenständigkeit anleiten, die aktuelle Problemlösung ist nur als erstes wichtiges Ziel zu sehen. Dies impliziert, daß der Patient/die Patientin das therapeutische Vorgehen in jeder Phase kennenlernt und soweit möglich aktiv mitgestaltet. Das heißt, daß im Therapieplan vorrangig die Standardmethoden, Verfahren und Vorgehensweisen Platz finden müssen, die den höchstmöglichen Grad an eigenständiger Problemlösung des Patienten verwirklichen.

Ansatzpunkte der Therapie, die Verfahren zur Problemveränderung und die Reihenfolge der Anwendung der Verfahren (Intervention) vorläufig fest. Der Augenmerk liegt dabei immer auf der Verwirklichung des Zielzustands.

Ansatzpunkte für die Interventionen können liegen:
- beim Patienten, bei der Patientin selbst (z. B. beobachtbares Verhalten, Gedanken, Einstellungen, Gefühle, Handlungsziele, Körperreaktionen)
- bei Bezugspersonen (z. B. Elternverhalten, Erziehungsziele, Partnerkommunikation, Stellung im Arbeitsteam, Umgang des Pflegepersonals mit Aggressionen)
- an den Rahmenbedingungen (z. B. Freizeitgestaltung, Arbeitsbedingungen, Prüfungssituation, Stationsalltag).

Insofern kann die Therapie zwischen Therapeut und Patient im Therapieraum oft nur ein Teil des therapeutischen Settings sein. Die Bearbeitung und Bewältigung der Probleme in der Alltagsumgebung des Patienten mit Einbezug aller notwendigen Lebensbereiche sind vielfach nicht nur sinnvoll, sondern Voraussetzung für eine effektive Veränderung.

Je nach Art der Problematik, der gewünschten Ziele und der ausgewählten therapeutischen Ansatzpunkte stehen in der Verhaltenstherapie eine Reihe effektiver Verfahren und Methoden zur Problembearbeitung zur Verfügung. Neben der Kenntnis dieser (Standard-)Verfahren gehören Phantasie und Kreativität bei der Therapieplanung zu den therapeutischen Kompetenzen.

Diagnostische Methoden

Zu den diagnostischen Methoden zählen die Exploration (das diagnostische Gespräch), die Beobachtung, Rollenspiele, Verhaltenstests und Fragebogen.

Die *Exploration* ist das wichtigste Verfahren in der Diagnostik. Der Patient beschreibt seine Probleme und Störungen, und der Therapeut versucht, diese Beschreibungen so zu strukturieren, das heißt, das Gespräch so zu führen, daß aus den Informationen eine Problemanalyse erstellt werden kann. Die Exploration eines bestimmten psychischen Problems erfolgt also strukturiert unter der Perspektive einer zu erstellenden Problemanalyse und der Auswahl bestimmter Behandlungsverfahren.

Dem Therapeuten liegen durch die Inhalte der Problemanalyse Themen und Fragenbereiche vor, die die Grundlage des Explorationsgesprächs darstellen.

Es geht also in der Exploration nicht darum, möglichst viele Informationen über möglichst viele Lebensbereiche der Patienten zu sammeln, sondern gezielt und frühzeitig die aufrechterhaltenden Bedingungen und die Bedeutungen der Problematik in Erfahrung zu bringen.

Die Informationen aus der Exploration beziehen sich größtenteils auf die Gegenwart, das heißt auf die aktuelle Lebenssituation bzw. die aufrechterhaltenden Bedingungen des Problems. Informationen aus der Genese, also aus der Entwicklungsgeschichte, dienen überwiegend der Bestätigung der aktuellen Antworten der Problemanalyse. Sie können aber auch bedeutsam sein, um dem Patienten ein neues Bild über seine Problematik zu vermitteln.

Neben der angesprochenen diagnostischen Funktion hat die Exploration auch eine therapeutische und eine motivierende Funktion.

Diese liegt im Aufbau und der Erhöhung der Sicherheit des Patienten im Umgang mit dem Therapeuten, der therapeutischen Situation und den Maßnahmen. Auch läßt die Exploration den Patienten unter Umständen seine Probleme in einem anderen Zusammenhang sehen und kann so zu einer möglichst frühzeitigen Übernahme von Verantwortung für seine Problemveränderung beitragen. Die eben angesprochene mögliche neue Sichtweise der Probleme kann für den Patienten ein bedeutsames motivierendes Erlebnis darstellen. So kann er sich eventuell nicht mehr persönlich schuldig oder allein verantwortlich fühlen.

Die *motivierende* Funktion der Exploration liegt vor allem:

- in der Transparenz, also in der Offenheit und
- in der ständigen Bereitschaft des Therapeuten, das Vorgehen mit dem Patienten zu besprechen und ihn Fragen stellen zu lassen sowie
- in der Vermittlung der theoretischen und methodischen Aspekte der Verhaltenstherapie.

Während in der Exploration der Therapeut viel über die subjektive Sichtweise des Patienten bezüglich seiner Probleme erfährt, kommt die *Verhaltensbeobachtung* der Forderung nach einer möglichst direkten und unmittelbaren Diagnostik des Problems nach.

Schon die freie, unsystematische Beobachtung liefert in der Praxis oft äußerst wichtige Informationen, die durch andere diagnostische Vorgehensweisen kaum gewonnen werden können. So bietet sie als wichtige Möglichkeit zur Gewinnung von Informationen die direkte Beobachtung des Patienten und seiner Bezugspersonen in den Problemsituationen an. Diese Beobachtung kann in gestellten Situationen (z. B. in Rollenspielen) oder in der natürlichen Umgebung in Alltagssituationen (Verhaltenstest) erfolgen. Während die freie Verhaltensbeobachtung zunächst Hinweise auf einzelne Ereignisse (z. B. bestimmte äußere Situationsmerkmale, bestimmte Interaktionen, bestimmte Verhaltensweisen) liefert, erhält der Therapeut durch die systematische Verhaltensbeobachtung konkrete Informationen zu einer Fragestellung oder einer Theorie (z. B. über Konsequenzen, über problemauslösende Situationen, über die Häufigkeit eines Problems).

Es gibt verschiedene Verfahren der systematischen Verhaltensbeobachtung:

Bei Kindern, insbesondere in der Interaktion mit ihren Eltern, oder bei Menschen mit psychiatrischen Krankheiten (z. B. in der stationären Behandlung) ist das Explorationsgespräch manchmal wenig effektiv oder sogar undurchführbar. Gerade bei diesen Zielgruppen hat sich die Verhaltenstherapie bei der Behebung von Verhaltensdefiziten bzw. dem Aufbau von Verhalten im sozialen und handwerklichen Alltag besonders bewährt. Und gerade von den Problemen dieser Zielgruppen kann die direkte Verhaltensbeobachtung gute Informationen über zu verändernde bzw. zu stärkende und aufbauende Verhaltensweisen liefern.

In den sogenannten Verhaltenstests wird das problematische Verhalten dadurch unmittelbar beobachtbar, daß sich der Patient (mit oder ohne Therapeut) in der Realität oder in der Vorstellung eine kritische bzw. problematische Situation aussucht, in der normalerweise sein Problemverhalten auftritt. Der Therapeut kann so direkt oder anhand der anschließend durchgeführten schriftlichen Aufzeichnungen des Patienten feststellen, wie sich das problematische Verhalten in der vorgegebenen Situation äußert, und er kann den Patienten gezielt nach gedanklichen, gefühlsmäßigen, körperlichen und motorischen Aspekten befragen.

Die Arbeit mit Vorstellung und Phantasien ist dann hilfreich, wenn es in der Praxis schwierig ist, eine isolierte Situation zu bestimmen und aufzusuchen.

BEISPIEL:

Ein wichtiger Platz in den verhaltenstherapeutischen Beobachtungsverfahren kommt den sogenannten *Vermeidungstests* zu. Beobachtet werden dabei spezifische Ängste bzw. wie nah sich ein Patient in bestimmte Angstsituationen begibt. Solche Situationen können sein: der Aufenthalt mit vielen Menschen in einem Raum, das Ansprechen von fremden Menschen, die Entfernung von einem Brückengeländer, die Fahrt mit einem Auto auf belebten Straßen, das Besteigen eines Turms. Der Patient kann auch angehalten werden, spezifische Zwangshandlungen durchzuführen, z. B. Waschrituale oder Eltern und Kind können bei einer Schulaufgabensituation beobachtet werden.

Zu den angesprochenen Verhaltenstests gehören auch Rollenspielsituationen. Der Patient spielt z. B. sozial belastete Situationen (in einer Prüfung, am Arbeitsplatz, beim Einkaufen, bei der Kontaktaufnahme) in der geschützten Atmosphäre mit dem Therapeuten durch. So können Situationen und Verhaltensweisen aktualisiert, beobachtbar und beschreibbar werden.

Fragebogen haben in der Verhaltenstherapie lediglich eine ergänzende diagnostische Bedeutung. Sie können die Exploration unterstützen und werden dadurch ökonomisch wichtig. Zahlreiche Fragebögen sind zur Erfassung zusätzlicher Informationen bei spezifischen psychischen Problemen entwickelt worden, insbesondere für Ängste, z. B. Panikstörungen, soziale Ängste, für Depressionen, für sexuelle Störungen, für Partnerschaftsprobleme und für Zwangshandlungen und -gedanken.

Diagramme und Tagebuchaufzeichnungen werden in der Regel als Beobachtungsmöglichkeiten zwischen den Therapiesitzungen genutzt. So lernt der Patient sein Problem (-verhalten), problematische Situationen, Häufigkeiten des Auftretens der Probleme und Begleitumstände zu beobachten. Die Zeit zwischen den Therapiesitzungen, das heißt der Alltag des Patienten, in dem in der Regel seine Probleme auftreten, wird so besser nutzbar gemacht.

Therapeutische Methoden

Die Verhaltenstherapie umfaßte von Anfang an eine Vielzahl einzelner Methoden bzw. Verfahren. Für eine Reihe von Verfahren, deren Gemeinsamkeit in ihrer lerntheoretischen Grundlage bestand, führten verschiedene Wissenschaftler, z. B. Hans-Jürgen Eysenck (geb. 1916) und Stanley Rachman (geb. 1934) sowie Joseph Wolpe (geb. 1915) und Arnold Allan Lazarus (geb. 1932), Mitte der sechziger Jahre den Begriff Verhaltenstherapie als Überbegriff ein. Diese Sammlung von Methoden hat in den letzten Jahren beträchtlich an Umfang zugenommen, wobei oft Varianten oder Kombinationen einzelner Verfahren als neue Methode beschrieben wurden.

Die verhaltenstherapeutischen Verfahren, die zur Veränderung psychischer Probleme oder zum Aufbau neuer Kompetenzen führen, unterscheiden sich zum Teil beträchtlich in der Breite ihrer Anwendungsmöglichkeiten und der Häufigkeit ihres Einsatzes im Therapieprozeß. Während einige Methoden nur für ganz bestimmte Problemstellungen entwickelt wurden, z. B. für die Behandlung des Einnässens oder des Stotterns, finden andere bei

Diagramm-Beispiel

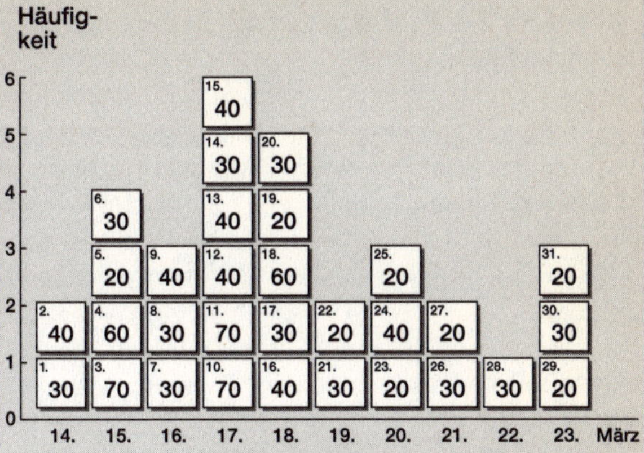

Säulendiagramm über die Häufigkeit von Angstereignissen. Die Angsterlebnisse sind durchnumeriert, die Angststärke von 0 = keine Angst bis 100 = stärkste Angst jeweils eingeschätzt.

einem breiten Spektrum psychischer Störungen Verwendung, so z. B. für die Konfrontationsverfahren, die operanten Verfahren oder die kognitiven Methoden.

Das verhaltenstherapeutische Vorgehen in der Einzeltherapie kann den Einsatz von einer oder von mehreren Standardmethoden umfassen, es können aber auch völlig andere Verfahren aus anderen Therapieschulen, eingesetzt werden. Auf welche Methode man im Einzelfall zurückgreift, läßt sich nur im Rahmen einer vorhergehenden Problemanalyse, Zielanalyse und Therapieplanung begründen.

Im Rahmen einer Gesamtbehandlung können therapeutische Methoden als »Werkzeuge« oder als »Programme« gesehen und eingesetzt werden.

Es ist das *Ziel der Therapieplanung*, möglichst das Verfahren oder die Methodenkombinationen zu wählen, die gerade für *den* Patienten und *das* bestimmte Problem am angemessensten sind.

Therapeutische Methoden können sehr unterschiedliche komplexe Systeme von Handlungsanweisungen (Programmen) sein. Bei einigen wenigen reicht die Angabe einer Regel aus, z. B. bei einigen operanten Verfahren, bei anderen Methoden muß eine Vielzahl von Regeln und Hinweisen beachtet werden, z. B. beim Problemlöseverfahren.

Die Realisierung therapeutischer Verfahren im konkreten Einzelfall muß im Rahmen der Therapieplanung festgelegt werden.

Im folgenden werden die wichtigsten der verhaltenstherapeutischen Standardverfahren kurz dargestellt, im Anschluß daran drei Verfahren ausführlicher.

4. Verhaltenstherapeutische Standardmethoden

Das *Rollenspiel* ist zwar weniger eine originär verhaltenstherapeutische Methode (es stammt aus dem Psychodrama), es stellt jedoch eine Grundvoraussetzung für das Einüben neuer Verhaltensfertigkeiten und Kompetenzen dar. Daher wurde es als Standardmethode auch in die Verhaltenstherapie integriert.

Das Rollenspiel spiegelt das Modell einer realen Problemsituation wieder, die für den Menschen eine Vielzahl von mehr oder weniger bevorzugten Problemlösungen enthält.

Solche Situationen können oft sinnvoller zunächst im Rollenspiel erlebt, verschiedene Verhaltensweisen zur Problemlösung durchgespielt und dadurch verschiedene

Konsequenzen des eigenen Verhaltens besser erkannt werden.

Die *operanten Methoden* entstammen dem Modell des Operanten Konditionierens (nach Skinner) und beschreiben eine Reihe verhaltenstherapeutischer Prinzipien und Verfahren zum Lernen bzw. Verlernen von Verhaltensweisen, die durch nachfolgende Konsequenzen, Erfahrungen und Erlebnisse gesteuert werden. Das Lernen durch operante Verfahren betrifft sowohl offene und beobachtbare Verhaltensweisen als auch Gedanken und innere Abläufe (verdeckte Verhaltensweisen).

Entspannungsmethoden ist ein Sammelbegriff für Verfahren, die sich mit verschiedenen Möglichkeiten befassen, Kontrolle über allgemeine Anspannung und spezielle Verspannungen und Verkrampfungen zu gewinnen. Die in der Verhaltenstherapie gebräuchlichsten Methoden zum Erlernen von Entspannung sind die sogenannte progressive Muskelentspannung und das Autogene Training. Sie werden in der Regel mit anderen Methoden in der Verhaltenstherapie kombiniert.

Dic *Therapie sozialer Kompetenz* beinhaltet eine Reihe verschiedener verhaltenstherapeutischer Prinzipien und Methoden, die mit dem Ziel kombiniert werden, ein angemessenes, sozial kompetentes und persönlich zufriedenstellendes Verhalten im sozialen Umgang mit anderen Menschen zu lernen und dabei soziale Ängste abzubauen.

Die Verfahren der *Reizkonfrontation* basieren auf der systematischen Konfrontation des Patienten mit den problematischen Situationen, z. B. mit angstauslösenden Gegebenheiten (Reizen). Die Konfrontation kann in der Vorstellung oder in der Realität stattfinden, in kleinen Schritten oder sehr massiert. Auf diese Weise können unangemessene Ängste, Befürchtungen und andere aversive Gefühle rasch abgebaut und allmählich durch eine neue Erlebensqualität und gewünschte Verhaltensmöglichkeiten ersetzt werden.

Streßbewältigungstraining

Beim Streßbewältigungstraining geht es um das Training einer allgemein anwendbaren Strategie. Gelernt werden soll die Fähigkeit, Problemsituationen schnell zu erkennen und durch alternative gedankliche oder motorische Bewältigungsmaßnahmen zu meistern.

In der Phase des Unterrichts soll Einsicht in das eigene bisherige Verhalten unter Streßbedingungen ermöglicht werden. Darüber hinaus werden mögliche Strategien für Streßsituationen aufgezeigt.

In der Übungsphase werden unter Streß leidende Menschen dazu befähigt, sich auf der gedanklichen Ebene und der Verhaltensebene mit den Problemen auseinanderzusetzen. Verschiedene Verhaltensweisen werden zur Bewältigung der Streßreaktionen in Probesituationen eingeübt.

In der Vorbereitung auf ein streßauslösendes Ereignis (z. B. Prüfung): »Denke einfach darüber nach, was du machen kannst. Das ist besser, als Angst zu bekommen.«

In der Konfrontation und im Umgang mit dem streßauslösenden Ereignis: »Entspanne dich, du hast dich unter Kontrolle, atme einmal tief durch, so ist es gut.«

Durch Selbstverstärkung soll der Rückgang der Streßsymptome stabilisiert werden: »Du kannst mit deinen Fortschritten zufrieden sein«, »du hast es geschafft.«

Selbstverbalisationen, die das Problem reduzieren, die die eigene Sicherheit fördern und die mit Streß nicht vereinbar sind, sollen für PatientInnen persönlich günstig sein und selbst ausgesucht und erarbeitet werden.

In der Anwendungsphase werden die neu gelernten Bewältigungsstrategien in der Alltagsrealität ausprobiert und immer wieder angewandt. Entsprechend vorbeugenden Zielsetzungen sollen Menschen nicht nur die ursprünglich streßfördernden Situationen aufsuchen, sondern sich auch in andere belastende Situationen begeben. Die gelernten Methoden müssen immer allgemeine Problemlösungsstrategien sein.

Selbstverbalisationsverfahren beschreiben Methoden, die auf dem Hintergrund einer stärkeren Berücksichtigung kognitiver Prozesse entwickelt wurden. Das zugrundeliegende Prinzip läßt sich am treffensten mit dem Begriff der *kognitiven Umstrukturierung* bezeichnen. Patienten nehmen Einfluß auf ihr äußeres und inneres Sprechen, wodurch zunehmend Erwartungen und Denkstrukturen und indirekt auch das Verhalten verändert werden.

Selbstverbalisationsverfahren sind zum Beispiel wichtiger Inhalt der von Krankenkassen durchgeführten *Streßbewältigungstrainings*.

Die Verfahren *Selbststeuerung* bzw. *Selbstkontrolle* sind bereits aus der kognitiven Wende der Verhaltenstherapie heraus entstanden. Bei ihrer Anwendung geht es unter anderem darum, Selbstbeobachtung nach außen und im Hinblick auf Gefühle und Gedanken zu verstärken. Des weiteren kann der Zusammenhang zwischen Gedanken und Problemverhalten erarbeitet, Gefühle, Haltungen und letztlich Verhaltensweisen können in erwünschter Weise verändert und stabilisiert werden.

Die Befähigung, Verhaltensveränderungen selbst herbeizuführen und aufrechtzuerhalten, wird in der Psychotherapie fälschlicherweise als automatische Konsequenz einer erfolgreichen Behandlung erwartet. Sie steht in der

Verhaltenstherapie jedoch bei den Methoden zur Selbststeuerung und -kontrolle im Sinne einer »Hilfe zur Selbsthilfe« ausdrücklich im Vordergrund.

Das *Problemlösetraining* beschreibt in seiner Methodik einen eher allgemeinen Ansatz. Bei diesem Vorgehen werden die einzelnen Prinzipien herausgearbeitet, die zur Beschreibung und zum Erkennen der psychischen Problematik beitragen, es werden Veränderungsmöglichkeiten herausgearbeitet, erprobt und in die Alltagsrealität übertragen. Der Patient und die Patientin lernen bei diesem Vorgehen allgemeine Problemlösungsfähigkeiten und -fertigkeiten.

Das Anliegen der *Verfahren der kognitiven Verhaltenstherapie* ist die Veränderung von Annahmen, Einstellungen, Überzeugungen und Schlußfolgerungen, die psychische Probleme begünstigen. Solche Umstrukturierungen führen letztlich auch im positiven Sinne zu Verhaltensveränderungen. Albert Ellis mit der Rational-Emotiven-Therapie und Aaron T. Beck mit der Kognitiven Therapie stellen wichtige Ansätze der kognitiven Verhaltenstherapie dar.

Grundlage der Ansätze ist die Erkenntnis, daß katastrophisierende, verzerrende, überinterpretierende Gedanken sowie Annahmen, die nicht mit der Realität übereinstimmen, zu Störungen im Verhalten führen.

Die Verfahren der kognitiven Verhaltenstherapie haben daher u.a. zum Inhalt: Prüfung des Realitätsgehaltes von Gedanken, neue Ursachen für Störungen suchen, Verantwortung reduzieren, alternative Erklärungen suchen.

5. Darstellung ausgewählter Verfahren

Operante Verfahren. Viele Schwierigkeiten von Patientinnen und Patienten liegen darin begründet, daß sie sich in bestimmten Situationen nicht adäquat verhalten können. Sie haben für sie wichtige und erwünschte Verhaltensweisen nicht gelernt oder beherrschen sie nur unvollständig.

Ziel des therapeutischen Vorgehens ist es in diesen Fällen, erwünschtes Verhalten aufzubauen und zu fördern, Kompetenzen zu stärken und so Verhaltensdefizite zu beseitigen.

Der Aufbau von Verhalten durch *positive Verstärkung*, also durch Bekräftigung bzw. »Belohnung« spielt in der therapeutischen Praxis eine sehr große Rolle. Die Problemsituation muß so verändert werden, daß positive Konsequenzen (»Belohnungen«) zeitlich unmittelbar auf das gewünschte Verhalten folgen. Zu diesem Zwecke werden entweder die bisher in der natürlichen Umgebung wirksamen Verstärker nach einem Behandlungsplan systematisch umorganisiert, oder es werden für die Behandlungsdauer neue Verstärker kontrolliert eingeführt.

In den meisten therapeutischen Fällen soll allerdings komplexes Verhalten und nicht nur eine einzelne Verhaltensweise aufgebaut werden (z. B. sozial sicheres Verhalten, Lernverhalten). Durch schrittweises Lernen, durch langsame Ausformung oder durch Verkettung einzelner Verhaltensweisen wird schließlich das komplexe Endverhalten erlernt. Eine besonders bekannte therapeutische Methode, mit der Verhalten durch positive Verstärkung schrittweise aufgebaut werden kann, ist das *Token-Programm*.

Zu den operanten Verfahren gehört auch der (nicht unumstrittene) Einsatz der sogenannten *sozialen Verstärkung*. Allgemein hat sich gezeigt, daß das Verhalten anderer Personen eine sehr verstärkende Wirkung für den Aufbau und die Stabilisierung von Verhalten hat. Zum einen ist unabhängig von der jeweiligen Therapiemethode jegliches Verhalten des Therapeuten in Bezug auf den Patienten wirksam, und zum anderen kann hierzu die soziale Umgebung des Patienten außerhalb der Therapiesituation für die Therapie wirksam werden.

Durch sein Verhalten kann der Therapeut während der Therapiesitzungen Verhaltensweisen des Patienten sozial verstärken, die direkt oder indirekt in Richtung einer positiven Veränderung gehen. Zur sozialen Verstärkung gehören deutliche verbale Äußerungen (»gut«, »das ist genau richtig«, »das haben Sie prima gemacht«, »das ist gut angekommen«) und nichtverbale Äußerungen (Nikken, Handzeichen, Lächeln).

Wenn soziale Verstärkung eine wichtige Rolle zum Aufbau und zur Stärkung von Verhalten spielt, liegt es auf der Hand, wichtige Bezugspersonen (Eltern, Erzieher, Lehrer, Krankenpflegepersonal usw.) in die Therapie einzubeziehen, um soziale Umgangsformen und soziale Verstärkungsbedingungen als eigentliches Therapieziel zu verändern. Die Schulung von betreuendem und pädagogischem Personal kann hier zur Vorbeugung sinnvoll genutzt werden.

Problematisches Verhalten kann dadurch abgebaut werden, daß die diese Verhaltensweisen aufrechterhaltenden Verstärker identifiziert und verändert werden (Löschung des Verhaltens). Bei Kindern trifft dies auf aggressives Verhalten, falsches Lernverhalten und große Unruhe zu. Wichtig ist in diesem Zusammenhang immer, Verstärker nicht einfach zu entziehen, sondern den betroffenen Personen wichtige Verstärkungen und Zuwendungen bei anderen Verhaltensweisen oder »einfach auch so« zukommen zu lassen.

Bestrafungen, die leider im Erziehungsalltag und in unserer Alltags- und Lebenswelt immer noch eine häufige Rolle spielen, leiten sich natürlich auch von den Lerngesetzen ab. In der Verhaltenstherapie spielen Bestrafungen keine Rolle.

Operante Verfahren sind sehr wirksame verhaltenstherapeutische Methoden mit umfangreichen Anwendungsgebieten:

Bei der Behandlung *geistig behinderter Kinder* (und

Token-Programme

Ein therapeutisches Beispiel aus einer psychosomatischen Klinik für Jugendliche: Ein stark übergewichtiger Jugendlicher (165 kg bei einer Körpergröße von 170 cm) formulierte gemeinsam mit seinen Eltern und der Therapeutin im Rahmen eines umfassenden Therapieplans ein systematisches Programm zur Gewichtsreduktion.
(Zum Gesamttherapieplan gehörten: Aufbau sozialer Kompetenzen, Aufbau von Alltagsverhalten, Abbau von Ängsten, Abbau von aggressivem Verhalten, schulische Förderung.)
Da ein Weniger an Essen dem Jugendlichen sehr schwer viel, und er natürlich immer wieder auf Essensangebote traf, wurde gemeinsam mit ihm ein sehr wirksames Token-Programm festgelegt: Der Jugendliche wünschte sich sehnlichst ein Moped, welches er nicht besaß und aufgrund seines Körpergewichtes auch nicht hätte fahren können. Seine Eltern stimmten zu, und in einem Motorradgeschäft wählte er sich ein Moped aus, von dem es auch ein großes Farbfoto gab. Das Farbfoto wurde puzzleartig in viele kleine Papierteile zerschnitten, die als Token, also Ersatzbelohnungen, dienten. Zunächst konnte sich der Jugendliche pro Gewichtsabnahme von 250 Gramm, später von 500 Gramm ein Papierpuzzle auf ein Blatt Papier kleben. Als er schließlich das komplette Moped zusammengeklebt hatte, konnte er das Bild bei seinen Eltern gegen ein echtes Moped eintauschen.
Dieses Verfahren, bei dem zunächst Ersatzverstärker, sogenannte Token, nach vorher festgelegten Regeln erworben wurden und schließlich der Eintausch gegen den echten Verstärker, also die Belohnung, erfolgte, heißt Token-Programm.

Bei der Kontrolle der Nahrungsaufnahme wurde der Jugendliche im Klinikalltag massiv unterstützt. Er bekam nur zu bestimmten Zeiten und nur eine bestimmte Nahrungsmenge angeboten. Auf alle Zwischendurchmahlzeiten und auf Nahrungsaufnahme außerhalb der Klinik mußte er durch Selbstkontrolle, also freiwillig und durch eigene Kraft, verzichten. Dazu verhalf ihm das Token-Programm.
Parallel zu der Durchführung der Gewichtsabnahme wurden die oben angesprochenen Therapieziele durch andere verhaltenstherapeutische, körpertherapeutische und familientherapeutische Vorgehensweisen zu erreichen versucht.
Token-Programme unterliegen bestimmten Regeln und sind wirksam, wenn ein Problem darin besteht, immer wieder geeignete und wirksame Verstärker zu finden, die zeitlich wirksam auf das gewünschte Zielverhalten gegeben werden können. Häufig werden Chips oder Wertmarken als Token verwendet, die in Verstärker eingetauscht werden können und sehr flexibel einsetzbar sind.

auch Erwachsener) tragen operante Verfahren zur Anleitung von Selbständigkeit und zum Abbau störenden Verhaltens bei. Sozialkontakte zu anderen Kindern und Erwachsenen können aufgebaut und gefördert werden. Langfristig einfache und komplexe Alltagsaktivitäten, wie An- und Ausziehen, Essen oder Einkaufen können aufgebaut, problematisches Verhalten wie Selbstverletzungen, massive Wutausbrüche, Selbstgefährdungen abgebaut werden.

Bei sogenannten *Elterntrainings* für Eltern und Erzieher, die mit Erziehungsproblemen konfrontiert sind, werden in der präventiven oder therapeutischen Arbeit soziale Umgangsformen so gestaltet, daß psychische Störungen von vornherein vermieden werden, nur gemildert auftreten oder positiv beeinflußt werden. Man kann Eltern als Bezugspersonen in die Therapie einbeziehen, ihr problematisches Verhalten abbauen, konstruktive Umgangsformen mit dem Kind fördern.

Operante Methoden werden auch bei schweren psychischen Störungen in der Behandlung und Rehabilitation von schizophrenen Patienten und Langzeitpatienten mit psychiatrischen Erkrankungen angewandt. Die Behandlung der sozialen Abkapselung, die Aktivierung von Sozialverhalten, die Förderung einfacher Verhaltensweisen im Alltag, die Förderung von Sprechen können unter anderem zu den Therapiezielen gehören.

Gerade im *stationären Alltag* werden häufig Token-Programme angewandt. Hier sind sie aber auch berechtigterweise kritisiert worden, wenn sie nicht der Förderung des einzelnen Menschen, sondern der Aufrechterhaltung von Ruhe und Ordnung auf der Station dienen.

Bei allen Anwendungsbereichen muß das zu erreichende Ziel und der Einsatz der operanten Verfahren kritisch reflektiert werden. Immer sollte die individuelle Förderung, sollen die Veränderung psychischer Probleme im Vordergrund stehen und nicht die Anpassung an das soziale Umfeld. Teamgespräche, Supervision und kollegialer Austausch sowie Einbezug aller beteiligten Personen, insbesondere aber der betroffenen Patientinnen und Patienten, Schülerinnen und Schüler, Kinder und Jugendlichen sind unabdingbar.

In der Regel stellt der Einsatz operanter Verfahren nur eine Methode im Therapieverlauf dar.

Verfahren der Reizkonfrontation. Die Gemeinsamkeit dieser Verfahren liegt in der Konfrontation mit angstauslösenden, aversiven und sehr unangenehmen Situationen, in denen vom Patienten sehr negative Konsequenzen erwartet werden, die in der Regel aber nicht eintreten.

Der häufigste Einsatz von Verfahren der Reizkonfrontation wird für die Behandlung von Ängsten jeglicher Art und Intensität geplant. Dabei können die angstauslösenden Situationen entweder in der Vorstellung, also in der Phantasie, oder in der Realität, entweder in kleinen Schritten oder in voller Intensität dargeboten bzw. aufgesucht werden.

Zwei Verfahren, die sich die Reizkonfrontation in der Phantasie und in der Realität zunutze machen, sollen vorgestellt werden:

Beim *Angstbewältigungstraining* lernt der Patient zunächst, Angst- und Anspannungsgefühle frühzeitig wahrzunehmen. In der Phantasie stellt er sich dann zunächst leichte, und dann immer stärker werdende Angstsituationen vor.

BEISPIEL:

Eine Frau mit starken Ängsten vor Höhen kann sich vorstellen, zunächst auf einer Mauer, dann in der dritten Etage ihrer Arbeitsstelle, weiter auf der mittleren und schließlich auf der oberen Plattform eines Fernsehturms und schließlich auf einer hohen Brücke und dann auf einem Bergvorsprung (schwerste Angstsituation) zu stehen. Bei jeder einzelnen Vorstellung nimmt sie frühzeitig körperliche oder gedankliche Angstreaktionen wahr und setzt zu deren Bewältigung eine vorher gelernte Entspannung bzw. die in einer kognitiven Therapie vorher gelernten neuen Bewältigungsgedanken ein. Hat sie früher Gedanken gehabt wie: »Ich werde gleich ohnmächtig«, »ich werde verrückt«, »mir wird schwindelig, ich werde runterkippen«, setzt sie nun als neue Gedanken ein: »Ich kann das durchhalten, ohne daß mir etwas passiert«, »hier ist alles so massiv gebaut, hier kann nichts zusammenbrechen«, »die Angst kann ruhig kommen, ich werde mit ihr fertigwerden«.

Signalkarten im Selbstinstruktionstraining für Kinder

Es gibt 8 Signalkarten:

"ICH WILL ANFANGEN!"
"WAS IST MEINE AUFGABE?"
"KENNE ICH ETWAS ÄHNLICHES?"
"WIE SOLL ICH VORGEHEN?"
"ICH MACHE MIR EINEN PLAN!"
"LANGSAM MACHEN!"
"ÜBERPRÜFEN: IST ES SO RICHTIG?"
"DAS HABE ICH GUT GEMACHT!"

2 Karten-Beispiele:

Die Patientin liegt bei den Vorstellungsübungen in einem Entspannungsstuhl, hat die Augen geschlossen und ist in sprachlichem Kontakt mit ihrer Therapeutin. Die Therapeutin unterstützt die Patientin, leichte Angst aufkommen zu lassen und durch den Einsatz ihrer Bewältigungsmöglichkeiten (Entspannung, Gedanken), mit der Angst »fertigzuwerden«, die Angst zunehmend zu bewältigen.

Anschließend sucht die Patientin die in der Phantasie bewältigten Angstsituationen in der Realität auf.

Bei der *abgestuften Reizkonfrontation in der Realität* wählt man eine sehr stark angstauslösende Situation aus, mit der der Patient sich schrittweise und real konfrontiert. Die Abstufungen werden so gestaffelt, daß sie für den Patienten keine zu hohe Angststeigerung erzeugen. Dennoch ist wünschenswert, daß bei den einzelnen Schritten Angstgefühle, Angstgedanken und körperliche Angstreaktionen aufkommen. Der Patient soll merken, daß die Angst unbegründet ist, daß die befürchteten Konsequenzen wie z. B. ohnmächtig werden, einen Herzinfarkt bekommen, ersticken, wahnsinnig werden, herabstürzen, bei Mitmenschen sehr negativ auffallen, nicht auftreten.

Menschen mit panischen Ängsten (Panikstörung, schwere Angststörung) trauen sich nicht, sichere Situationen zu verlassen (weiter Weg zum nächsten Arzt, keine Tabletten dabei, kein Krankenhaus in der Nähe, sich ohne die rettenden Tabletten zu bewegen, kein Telefon in der Nähe zu haben). Die abgestufte Reizkonfrontation wird daher bei diesen Patientinnen und Patienten zum Inhalt haben, daß sie sich immer mehr von den von ihnen vermeintlich als sicher definierten Situationen entfernen und sie sich immer mehr einer als unsicher oder extrem gefährlichen und hilflosmachenden Situation annähern. So kann der therapeutische Weg von der eigenen Wohnung durch die Stadt zum Bahnhof führen. Sie können dann eine Fahrt mit dem Zug in einen kleinen Ort und von dort mit dem Bus in einen Naturschutzpark ohne Ansiedlung (schwerste Angstsituation) durchführen. Die Patienten erleben immer wieder leicht bis mittel oder sogar stark aufkommende Ängste, zu deren Bewältigung sie vorher in der Regel kognitive Strategien gelernt haben. Sie erfahren, daß die vorhin genannten katastrophalen Konsequenzen nicht eintreten. Die Fähigkeit zur eigenen Angstbewältigung und das neue, schließlich angstfreie Erleben der vormals bedrohlichen Situationen stellen das Ende eines zum Teil sehr langen Therapietages dar. Am Ende eines solchen empfinden die meisten Patientinnen und Patienten große Erleichterung, Zufriedenheit, aber auch Ermüdung.

Der Therapeut unterstützt die Patienten bei der Durchführung der Reizkonfrontation, ermutigt sie zu nächsten Schritten, leitet das Aussprechen der neu gelernten Gedanken an, verdeutlicht die erreichten Erfolge und lobt die Patienten immer wieder für bewältigte Schritte.

Für alle Verfahren der Reizkonfrontation gilt, daß die Patienten angeleitet werden, die gemeinsam mit ihren Therapeuten erarbeiteten Vorgehensweisen schrittweise auch in anderen Angstsituationen allein anzuwenden. Dabei wird zunehmend Wert auf eigenständiges therapeutisches Vorgehen des Patienten/der Patientin in seiner eigenen Umwelt gelegt.

Selbstverbalisationstraining. Das Selbstverbalisationstraining zählt zu den Methoden der kognitiven Verhaltenstherapie. Die ersten entwickelten Verfahren dienten der Behandlung impulsiver Kinder, bei denen konzentriertes Lern- und Arbeitsverhalten durch systematisches Üben von inneren Monologen aufgebaut werden sollte. Es wurde daher auch *Selbstinstruktionstraining* genannt.

Wird Therapie als Problemlösung verstanden, so heißt das, den Patienten darin zu unterstützen, seine eigenen

Probleme zu lösen. Der Problemlösungsansatz dient damit nicht zur Beschreibung eines Therapieverfahrens, Problemlösung wird zu einer therapeutischen Haltung, zum Therapieziel.

Zahlreiche Verfahren in der Verhaltenstherapie beinhalten diese Grundprinzipien des Vorgehens bei Problemlösungen: Formulierung des Problems, Suche nach Alternativen, Anwendung der Alternativen, Überprüfung des Erfolgs.

Das spezielle Problemlösungsvorgehen läßt sich in der Einzeltherapie, aber auch besonders gut in der Gruppentherapie einsetzen.

Während ein großer Teil des Problemlösevorgehens auf gedanklicher Ebene stattfindet (Wahrnehmung, Akzeptierung, Suche von Alternativen, Entscheidung für bestimmte Strategien), hat der Patient während aller Phasen, insbesondere während der Überprüfungsphase, konkrete Aufgaben zu lösen. So lernt er ein konkretes und den Realitäten angemessenes Vorgehen, wobei zwischen seinen Gedanken und seinem Verhalten Übereinstimmung und Ausgeglichenheit bestehen müssen.

Therapie- und Veränderungskontrolle

Der diagnostisch-therapeutische Prozeß in der Verhaltenstherapie ist ein sich fortwährend korrigierendes System.

Es gibt einen Anfangszustand und einen Endzustand bei der Therapie, und niemand kann besser beurteilen als der Patient/die Patientin, ob das Ende der Therapie dem gewünschten Ziel entspricht. Um aber nicht auf den Überraschungseffekt eines alles oder nichts angewiesen zu sein, muß die Therapieplanung und -durchführung kontrollierende und korrigierende Elemente enthalten. Die therapeutischen Maßnahmen müssen fortlaufend auf ihre Auswirkungen hin überprüft werden, denn die Ergebnisse dieser die Therapie begleitenden Kontrolle sind schließlich die Grundlage für die Entscheidung, ob die Therapie

Selbstinstruktionstraining bei Kindern

Bei der Arbeit mit Kindern hat das Selbstinstruktionstraining folgende Stufen:

1. Modellvorgabe: Ein Erwachsener, etwa der Therapeut, führt eine Aufgabe aus. Dabei sagt er laut zu sich selbst, was er gerade tut. Das Kind beobachtet ihn.
2. Beobachtbare, äußere Anleitung: Das Kind führt die Aufgabe nun selbst durch, während die Modellperson (etwa der Therapeut) fortlaufend laut ausspricht, was das Kind tut.
3. Beobachtbare Selbstanleitung: Das Kind übernimmt die Gesprächsinhalte (Verbalisationen) des Therapeuten und instruiert sich selbst laut bei der Aufgabenbearbeitung.
4. Abgeschwächte, beobachtbare Selbstanleitung: Das Kind flüstert die Selbstanweisungen.
5. Verdeckte Selbstanleitung: Das Kind gibt sich die Selbstinstruktionen nur noch lautlos, das heißt in seinen Gedanken.

(wie geplant) weitergeführt wird oder ob sie verändert werden muß.

Die *Kontrolle des therapeutischen Prozesses* dient also zum einem dem Therapeuten als Entscheidungshilfe bei der Planung und Durchführung der Therapie, zum anderen dient sie dem Patienten zur Rückmeldung über den Therapiefortschritt.

Neben der subjektiven Einschätzung und Bewertung durch PatientInnen und TherapeutInnen gibt es verschiedene objektivere Methoden für diese sogenannte Therapiekontrolle. Sie sind teilweise identisch mit den diagnostischen Methoden:

- Subjektive Beschreibung des Patienten in Form eines Tagebuchs über den Therapieverlauf hinweg.
- Veränderungen des Problemverhaltens und die Häufigkeit des Auftretens von Problemsituationen lassen sich in sogenannten fortlaufend geführten Diagrammen festhalten. So werden durch Auszählungen bzw. Einschätzungen über die Schwere der Problematik bzw. der Veränderungen von Beginn der Therapie an, während des Verlaufs der Therapie und nach der Therapie Vergleiche möglich.
- In sogenannten Verhaltenstests sucht der Patient vor der Therapie, im Verlauf der Therapie und am Ende der Therapie jeweils die gleiche kritische bzw. problematische Situation in der Realität auf oder stellt sie sich in der Phantasie vor.
- Fragebogen können Probleme in der Häufigkeit ihres Auftretens, in der Intensität der Belastung, in ihrer Bedrohlichkeit und in der Art der Situationen, in denen sie auftreten, erfassen.

V. Anwendungsbereiche

Da die Verhaltenstherapie verschiedene Konzepte unter ihrem Dach vereinigt und auch ein großes Spektrum von Methoden besitzt, sind die Anwendungsbereiche dieser Therapieform vielfältig.

Die in den USA erscheinenden »Jahresüberblicke der Verhaltenstherapie« von Cyril Franks und Terence Wilson u. a. beschäftigen sich auf mehr als der Hälfte ihrer 400 Seiten mit verhaltenstherapeutischen Anwendungsbereichen. In den Inhaltsverzeichnissen finden sich dabei folgende Angaben über die Wirkungsbereiche der Verhaltenstherapie (alphabetisch):

Alkoholismus, ältere Menschen, Autismus, Delinquenz, Depressionen, Elternarbeit, Eßstörungen (Bulimie, Magersucht, Adipositas), geistige Behinderung, Gemeinde, chronisches Haareausreißen, hörgeschädigte Jugendliche, hyperaktive Kinder, Industrie und Wirtschaft, Kind und Familie, Kindesmißhandlung, Kopfschmerzen, Medikamentenabhängigkeit, phobische Störungen, psychosomatische Störungen, Rauchen, Schmerzen, Schule, Süchte, Übergewicht, Verhaltensmedizin, Verwahrlosung, Zwangsvorstellungen und Zwangshandlungen, Arbeit mit Eltern, die ihre Kinder mißhandeln, Arbeit mit sexuell mißhandelten Frauen.

Schon bei der Beschreibung der Anwendungsbereiche kann festgestellt werden, daß mit der Verhaltenstherapie verschiedene Strategien verfolgt werden können: Verhaltenstherapie wird bei der Prävention, d. h. der Vorbeugung, bei der Behandlung und bei der Rehabiliation psychischer Störungen eingesetzt.

Prävention: Durch ihre Möglichkeiten der Analyse von psychischen Problemen können mit der Verhaltenstherapie schädigende Bedingungen in der engeren und weiteren

Umwelt von Menschen aufgezeigt und Vorschläge zu deren Veränderung unterbreitet werden (z. B. Ansätze der Gemeindepsychologie). Verhaltenstherapie kann aber auch auf individueller Ebene zur Prävention psychischer Störungen beitragen: Menschen werden besser in die Lage versetzt, mit dem alltäglichen Leben fertig zu werden, Streß zu reduzieren bzw. zu bewältigen, persönliche Kompetenzen zu stärken, sich auf Perioden übermäßiger Belastung vorzubereiten, um dadurch das Auftreten starker psychischer Probleme und Krankheiten zu verhindern.

In der präventiven Elternarbeit kann Verhaltenstherapie darauf hinwirken, daß Eltern zu einer kooperativen Eltern-Kind-Beziehung finden können. Diese Ansätze werden häufig in Beratungsstellen für Kinder, Jugendliche und Familien angewandt.

Zum Bereich der Prävention gehört auch die Arbeit mit Lehrern, Beratern, Sozialarbeitern, Jugendfürsorgern oder mit Krankenpflegepersonal, die durch die Prinzipien der Verhaltenstherapie zu einer effektiveren Arbeit mit ihrer sozialen Gruppe finden können.

Verhaltenstherapeutische Grundannahmen, Prinzipien und Methoden können konkret und einfach beschrieben und vermittelt werden. Präventive Ansätze, aber auch therapeutische Interventionen eignen sich daher auch zur Durchführung in Form von Selbsthilfe bzw. Selbstbehandlung. Voraussetzung ist allerdings, daß die psychischen Probleme noch nicht zu stark und ausgeprägt sind und durch eigene Behandlung verändert und bewältigt werden können.

Auch Selbsthilfegruppen, z. B. im Suchtbereich (Magersucht, Alkoholismus, Medikamentenabhängigkeit, Sexsucht oder bei Panikstörungen) können mit verhaltenstherapeutischen Methoden arbeiten, sofern eine informative Vermittlung stattgefunden hat oder einzelne Mitglieder der Selbsthilfegruppen durch Verhaltenstherapie die Bewältigung ihrer Probleme gelernt haben.

Zahlreiche Kurse an Volkshochschulen und in Familienbildungsstätten machen sich verhaltenstherapeutische Methoden zunutze:

Da geht es um Abnehmen, um das Bekämpfen des Rauchens, um den Abbau sozialer Ängste und den Aufbau sozialer Kompetenzen, um Partnerschaftsprobleme, um Streßbewältigung.

Gerade Taschenbuchverlage haben in ihren Fachbuchreihen Veröffentlichungen aufgenommen, die »Verhaltenstherapie zur Selbstanwendung« anbieten.

Der kritische Aspekt bei den Selbstbehandlungsangeboten liegt vor allem darin, selbst erkennen zu können, ob das eigene psychische Problem noch mit Selbsthilfe lösbar ist oder ob professionelle Hilfe durch einen Therapeuten oder eine Therapeutin in Anspruch genommen werden muß.

Behandlung: Wenn nach außen versucht wird, psychische Probleme zu beschreiben, denen die Verhaltenstherapie zugänglich ist, müssen diese psychischen Störungen größerenteils in die Sprache des medizinischen Krankheitsmodells übertragen werden: Denn nur mit diagnostischen Begriffen des medizinischen und psychiatrischen Indikationskatalogs läßt sich Verhaltenstherapie sinnvoll mit anderen psychotherapeutischen und somatischen Behandlungsformen vergleichen.

Beim Durchsehen der verhaltenstherapeutischen Literatur lassen sich folgende Problembereiche finden, bei denen verhaltenstherapeutische Behandlung nachgewiesenermaßen sehr erfolgreich ist: Alle neurotischen Störungen wie Phobien, Zwänge, allgemeine Ängste, chronisch psychiatrische Krankheiten (wie z. B. Psychosen), Suchtprobleme wie Alkoholismus, Medikamentenabhängigkeit usw., sexuelle Störungen, Depressionen, geistige Behinderungen und zahlreiche psychische Probleme im Kindes- und Jugendalter. Darüber hinaus sind zahlreiche psychosomatische Störungen und Krankheiten zu nennen, auf deren Behandlung sich ein neuer Ansatz der sogenannten Verhaltensmedizin spezialisiert hat. Verhaltenstherapie findet hier zum Beispiel Anwendung bei Hauterkrankungen wie Neurodermitis, Atemwegserkrankungen wie Asthma, Gelenkerkrankungen wie Arthritis, Erkrankungen des Hörsystems wie Tinnitus oder Hörsturz, Magen-Darm-Erkrankungen wie Colitis ulcerosa, Magengeschwür oder Morbus Crohn, gynäkologischen Erkrankungen wie Unfruchtbarkeit oder Amenorrhoe, urologische Erkrankungen wie chronische Blasenentzündungen oder Prostatitis.

Rehabilitation: Auch im Bereich der Rehabilitation hat sich die Verhaltenstherapie verdient gemacht: Mit verhaltenstherapeutischen Maßnahmen können wichtige Voraussetzungen zur (Wieder-)Eingliederung z. B. chronisch Behinderter und psychisch kranker Menschen in ihr natürliches Lebensumfeld geschaffen werden. Auch bei der Wiedereingliederung in das Berufs- und Arbeitsleben nach langer Arbeitslosigkeit, nach Krankheiten oder Behinderungen hat die Verhaltenstherapie Bedeutung.

Daß verhaltenstherapeutische Programme auch von Arbeitsämtern angeboten werden, um arbeitslosen Menschen mehr Chancen bei der Stellensuche zu geben, soll nicht unerwähnt bleiben. Allerdings muß dieses Anwendungsfeld auch kritisch betrachtet werden, da durch therapeutische Maßnahmen lediglich eine Umverteilung auf dem Arbeitsmarkt stattfinden kann und keine neuen Arbeitsplätze geschaffen werden.

Gerade die Möglichkeit der Verhaltenstherapie, bei der Bewältigung psychischer Probleme auf das Medium der Sprache verzichten zu können, hat sie verschiedenen Anwendungsbereichen zugänglich gemacht, die durch andere, an der Sprache orientierte psychotherapeutische Verfahren nur schwer nutzbar sind: Die Arbeit mit schwer psychisch erkrankten Menschen, Menschen mit schwerer geistiger Behinderung bzw. Mehrfachbehinderungen, die therapeutische Arbeit mit Kindern.

Da Verhaltenstherapie von den Krankenkassen bezahlt wird (vgl. Kapitel IX.), ist sie zusammen mit der Psychoanalyse das am häufigsten angewendete psychotherapeutische Verfahren in der ambulanten Versorgung.

VI. Verhaltenstherapie bei ausgewählten psychischen Problemen

1. Ängste

Bei sehr vielen psychischen Störungen spielt Angst eine wichtige Rolle. Gerade bei der Behandlung von Menschen mit Ängsten hat sich die Verhaltenstherapie große Verdienste erworben. Ängste können existieren vor dem Kontakt mit anderen Menschen (soziale Ängste), vor Krankheiten und unerwarteten Reaktionen des eigenen Körpers (z. B. Panikstörungen), vor ganz konkreten Situationen, Tieren, Gegenständen (einfache Phobie), vor Belastungen im Alltag und im Beruf oder auch als allgemeine Lebensängste.

Angst ist ein Gefühl und äußert sich in Gedanken, in körperlichen Symptomen und in speziellen beobachtbaren Verhaltensweisen des Menschen. Die Gedanken sind in der Regel konzentriert auf das, was Angst macht, und steigern häufig die Angst. Die körperlichen Symptome wie Herzrasen, Schweißausbrüche, Erröten oder Zittern unterstützen den Gedanken, daß die Angst begründet ist. Das beobachtbare Verhalten ist in der Regel – ebenso wie die Gedanken – darauf ausgerichtet, der Angst bzw. den Angstsituationen zu entfliehen und alles zu tun, sie nicht auftreten zu lassen.

Ängste spielen im menschlichen Leben insofern eine angemessene und wichtige Rolle, als sie Gefahren frühzeitig signalisieren und vermeiden bzw. bewältigen helfen. Als psychische Störungen sind sie dann zu bezeichnen, wenn sie vollständig oder in Teilen unbegründet und unangemessen sind und das Leben des Menschen so stark beeinflussen, daß ein hoher Leidensdruck durch diese Ängste und ihre Auswirkungen entstanden ist.

Nur auf wenige Ereignisse oder Situationen reagieren Menschen mit angeborener Angst. Die meisten Situationen, in denen Menschen Angst verspüren, ob begründet oder unangemessen oder weil ihnen die Kompetenz zur Bewältigung fehlt, sind erst durch Lernprozesse zu Auslösern von Ängsten geworden. Die Ängste selbst werden in der Regel durch das Prinzip des klassischen Konditionierens gelernt. Das darauf folgende Verhalten zur Vermeidung bzw. zur Flucht aus Angstsituationen wird dadurch gelernt, daß es hilft, den Angstzustand zu beenden (Flucht) oder gar nicht erst aufkommen zu lassen (Vermeidung).

Allen Ängsten als psychische Störung ist gemeinsam, daß sich die Menschen, die darunter leiden, zunehmend in einem Teufelskreis oder sich selbst verstärkenden Mechanismus befinden: Je besser die angstauslösenden Situationen gemieden werden können, um so stärker setzt sich deren Bedrohlichkeit in den Gedanken fest. Lösen Situationen Angst aus, ist der Angstzustand äußerst unangenehm. Die Bedrohlichkeit der Situation wird bestätigt.

Der Teufelskreis besteht darin, daß die Ängste mit quälenden Gedanken und körperlichen Symptomen verbunden sind. Herzrasen stärkt den Gedanken an einen bevorstehenden Herzinfarkt, rasende Gedanken bekräftigen die Angst, wahnsinnig zu werden, Sehstörungen die Angst, verrückt zu werden. Starke Angstzustände machen die momentane Situation per se bedrohlich: Aufzüge werden nur als etwas Abstürzendes betrachtet, Höhen als etwas Schwindelerregendes, Hunde generell als beißend, Schlangen als erwürgend, Wasser als herunterreißend und überflutend, große Menschen als stark, Leistungssituation als unbestehbar (Nicolas Hoffmann, 1990).

Angst kann sich also auf Situationen übertragen, die ähnlich sind: Auf alles was hoch ist, alles was eng ist, alles was Strom in sich hat, alle Hunde, alle Kriechtiere, alle

Situationen, in denen Leistung gefordert wird, übergeordnete Menschen, alle Frauen usw.

Betrifft die Angst zentrale Lebensbereiche, wie z. B. den Beruf, die Haushaltsführung, das Verreisen, öffentliche Verkehrsmittel usw. kann die Angst zum zentralen Problem des gesamten Lebens werden.

Bei der Behandlung einfacher und komplexer Phobien sowie bei schweren Ängsten und Panikstörungen werden in der Regel Verfahrenskombinationen der kognitiven Therapie und der Konfrontationstherapie (Verfahren der Reizkonfrontation) angewendet.

Die verhaltenstherapeutische Behandlung von schweren Angststörungen ist so erfolgreich und anderen Therapieverfahren gegenüber so überlegen, daß Klaus Grawe es in seinem Buch »Psychotherapie im Wandel« u. a. als Kunstfehler bezeichnet, Menschen mit Panikstörungen nicht auch verhaltenstherapeutisch zu behandeln.

Die ambulante Verhaltenstherapie schwerer Angststörungen gliedert sich in der Regel in folgende Schritte:

- Diagnostik und Explorationsgespräche ggf. Verhaltenstest in der Realität
- Erarbeitung der Problemanalyse

Panikattacke

Schwere Panikstörungen sind plötzliche Angstanfälle (»Wie ein Blitz aus heiterem Himmel«), an denen in Deutschland ca. 300.000 Menschen leiden. Diese Ängste sind auch unter dem Namen Agoraphobie bekannt. Sie äußern sich vor allem in der Erwartungsangst, etwas sehr Bedrohliches könnte im eigenen Körper passieren: z. B. man könnte verrückt werden, ersticken, einen Herzinfarkt bekommen, einfach umfallen. Häufig tritt Todesangst auf. Notarzteinsätze und Notaufnahmen in Kliniken sind die Folge. Die Untersuchungen ergeben in der Regel keine körperlichen Befunde. Die häufigen Verschreibungen von Medikamenten sind falsch und schädlich. Das Schlimmste ist für die betroffenen Menschen die Angst vor der Angst. Sie entwickeln daher vielfältige Strategien, um sich vor dem Angstanfall zu schützen. Viele Menschen mit Panikstörungen verlassen aus der Angst heraus oft ihr Haus nicht mehr (alleine) und isolieren sich dadurch.

Die Auslöser der eigentlichen Panikattacken können vielfältig sein: (Lesen vom) Tod eines anderen Menschen, Trennung, Arbeitsplatzverlust oder Probleme am Arbeitsplatz, Miterleben (Lesen) von Unfällen, körperliche Probleme von anderen Menschen, Beobachtung oder Wahrnehmung eigener körperlicher Symptome, Alkoholkonsum, viel Kaffeegenuß usw. Die betroffenen Menschen geraten in der Regel in einen Teufelskreis: Körperliche Reaktionen werden wahrgenommen, und die Wahrnehmung mobilisiert Angstgedanken. Diese Gedanken fördern die körperlichen Symptome, was wiederum eine Bestätigung für die zunehmende Bedrohung ist und die Angstgedanken aufpeitscht usw. Ist keine Flucht aus der Angst möglich, kann es zum psychischen und physischen Zusammenbruch kommen, zur schweren Panikattacke, die die Angst vor der nächsten Angst noch größer macht.

Die Angstgedanken als Problemkognitionen und das Flucht- und Vermeidungsverhalten sind aus verhaltenstherapeutischer Sicht die wichtigsten Gründe für die Aufrechterhaltung der panischen Ängste und damit auch die therapeutischen Ansatzpunkte. Unbenommen davon können andere Gründe zur Entstehung der schweren Ängste geführt haben.

Falls durch die Problemanalyse deutlich wird, daß vor allem Kognitionen, also Gedanken und Einstellungen sowie Vermeidungsverhalten die Angststörung aufrechterhalten, geht es in der Therapie wie folgt weiter:

- Erarbeitung der Therapieziele
- Besprechung des Therapieplans

Falls der Patient/die Patientin zustimmen, folgt eine:

- Kognitive Therapie zur Veränderung der Angstgedanken
- Konfrontationstherapie in der Realität zur Bewältigung des Flucht- und Vermeidungsverhaltens
- Rückfallvorsorge und Therapie möglicher weiterer Probleme

Zwischen den Therapiesitzungen hat der Patient Aufgaben zu Hause zu bewältigen.

Verhaltenstherapien schwerer Angststörungen dauern zwischen 20 und 30 Sitzungen, (ggf. bis zu 40 Therapiesitzungen), wobei für Konfrontationstermine in der Regel mehrere Stunden benötigt werden. Falls der Patient/die Patientin ihr Haus nicht verlassen können, muß die Verhaltenstherapie zu Hause beginnen. Dazu sind jedoch nur wenige Institutionen bereit.

Soziale Phobien sind Ängste im Umgang mit anderen Menschen, besonders in Situationen, in denen eigene Kompetenzen zum Kontaktaufnehmen, zum Nein-sagen, zum Wünsche äußern, zum Durchsetzen fehlen und Kritik, Ablehnung oder Mißerfolg erwartet werden. Dazu gehören auch spezielle Ängste, wie vor anderen Menschen zu sprechen, Vorträge zu halten, Prüfungen durchzustehen, Forderungen zu stellen.

Für die Behandlung von sozialen Ängsten gibt es in der Verhaltenstherapie das sehr erfolgreiche Verfahren der *Sozialen-Kompetenz-Therapie*. Verhaltensübungen werden zunächst im Therapieraum vorbereitet und durchge-

Soziale-Kompetenz-Therapie

In der Sozialen-Kompetenz-Therapie werden Verhaltensweisen im Sozialbereich, die in der bisherigen Lebensgeschichte nicht gelernt werden konnten, therapeutisch gefördert und aufgebaut. Sie baut Ängste, die sozial sicheres und sozial kompetentes Verhalten behindern, ab. Gedanken und Einstellungen (Kognitionen), die die Furcht fördern und sozial sicheres Verhalten unmöglich machen, werden verändert.
Der Aufbau kompetenten Verhaltens kann sich beziehen auf folgende soziale Verhaltensbereiche: Nein sagen, Forderungen stellen, Wünsche äußern, Gespräche beginnen, Kontakt aufnehmen, öffentlich sprechen, Mißerfolge und Ablehnungen akzeptieren.

führt. Durch gelernte soziale Fertigkeiten, durch Ausprobieren, durch Erleben der eigenen Kompetenzen und durch die Auswertungsgespräche mit dem Therapeuten werden Ängste schrittweise abgebaut. Ängste werden durch folgende neue, soziale Lebenserfahrungen ersetzt: Fähigkeiten im sozialen Umgang mit anderen Menschen, Sicherheit und Selbstbewußtsein.
Soziale Kompetenz wird dabei als Fähigkeit verstanden, einen Kompromiß zwischen Selbstverwirklichung und sozialer Anpassung zu finden. Das heißt: Sein wie kein anderer und dennoch in einer Gesellschaft mit ihren Normen und Erwartungen leben können.

2. Zwänge

Harmlose Formen von Zwang sind aus dem täglichen Leben bekannt: penibles Aufräumen; nicht unter Leitern hergehen; an Freitagen, die auf einen 13. fallen, besonders achtsam sein; Gedanken haben, von denen man lange nicht loskommt; den ganzen Tag lang eine Melodie summen, als habe sie sich »in das Gehirn eingepflanzt« (Ohrwurm).

Es gibt Menschen, die können als zwanghafte Persönlichkeit beschrieben werden. Sie weisen sich durchgängig durch sehr spezielle Ziele und Werte, Einstellungen, Lebensstile und Verhaltensweisen aus. Sie leben vor allem in der Vorstellung, daß die Welt voller Gefahren ist, daß man sich hundertprozentig absichern muß, daß sie ständig Kontrolle über sich selbst und ihr Tun haben müssen und sich nur auf das Bewährte verlassen können.

Schließlich gibt es Menschen mit Zwangserkrankungen. Deren Gedanken und Verhaltensweisen unterscheiden sich deutlich von denen anderer Menschen, sie oder ihre Umwelt sind durch die Zwänge stark betroffen und fühlen sich in ihrem Leben davon so stark beherrscht, daß sie sich nicht mehr in der Lage sehen, ihren Alltag unbeeinflußt wahrzunehmen.

Die häufigsten Zwangserkrankungen äußern sich in dem Zwang, kontrollieren zu müssen, in dem Zwang sich reinigen zu müssen sowie in immer wiederkehrenden zwanghaften Gedanken (Kontrollzwänge, Reinigungszwänge, Zwangsgedanken).

Menschen mit solchen psychischen Störungen fühlen sich gezwungen, bestimmte Handlungen auszuführen, oder bestimmte Gedanken sehr oft denken zu müssen, ohne sich dagegen wehren zu können.

Zu den sogenannten *Kontrollzwängen* gehören z. B. die Untersuchung von Abfall (ob sich nicht doch noch etwas Wichtiges darin befindet), Zählzwänge (die betretenen Platten auf dem Gehweg zählen, immer wieder Stufen einer Treppe abzählen), Kontrolle von Wasserhähnen, Autolichtern, verschlossenen Türen, abgeschalteten Herdplatten usw.

Wasch-, Reinigungs- und Desinfektionszwänge haben z. B. zum scheinbaren Ziel, Infektionen abzuwehren, unsichtbaren Schmutz zu entfernen, Eindringen von Bakterien, Splittern etc. in den Körper zu verhindern, schwere Krankheiten abzuwehren usw.

Zwangsgedanken und *Zwangsgrübeleien* sind kontinuierliche Wiederholungen und im Kreise verlaufende Gedanken, die der betroffene Mensch als eigentlich sinnlos erlebt bzw. die zu keinem Ergebnis führen:

BEISPIELE:

Ein Mann wird von den Gedanken geplagt, in der Öffentlichkeit obszöne Worte zu schreien oder im Bus plötzlich einer Frau an die Brust zu greifen.

Jedesmal, wenn eine Frau ein Messer in die Hand nimmt, hat sie Sorge, ihr Kind damit zu töten.

Ein Mann an der Werkbank grübelt darüber nach, ob er wohl alle Schrauben richtig festgedreht hat. Eine Frau im Büro grübelt stundenlang weiter, ob sie wohl alle Zahlen richtig übertragen hat.

Immer wieder werden Worte in den Gedanken verwendet wie: »Habe ich wirklich...«, »wann endlich...«.

In der Regel sind nur vordergründig die Inhalte der Gedanken bzw. der Handlungsrituale von Bedeutung. Wie in den vorigen Kapiteln bereits gezeigt wurde, gibt es nie *die* Ursache einer psychischen Erkrankung oder einer seelischen Störung. Es gibt immer mehrere Gründe, warum eine psychische Störung, so auch eine Zwangserkrankung, auftritt. Auslösende Situationen, bekräftigende nachfolgende Konsequenzen, spezielle Gedankengänge, Einstellungen und die Schutzfunktion der psychischen Störung können wichtige Gründe für die Aufrechterhaltung der Problematik darstellen. Der Problemzusammenhang wird durch die Problemanalyse »aufgedeckt«.

Das Flüchten in die Zwänge kann mit sozialen Ängsten, fehlenden Umgangsformen im sozialen Bereich, mit immer stärkerem Rückzug in die Isolierung zusammenhängen, mit Überforderungen und mit Problemen in der Übernahme von Verantwortung. Menschen mit Zwängen können auch sehr früh gelernt haben, die Schuld immer bei sich zu suchen.

Die Bedeutung von Zwängen liegt häufig darin, Ängste zu reduzieren oder schlimme mögliche Ereignisse nicht auftreten zu lassen. So kann exzessives Waschen die Angst unterbinden, daß Infektionen in den Körper eindringen. Den Lichtschalter 73 Mal an- und ausschalten kann – so der Glaube – verhindern, daß der Mutter etwas Schlimmes zustößt.

Unabhängig von den ursächlichen Bedingungen können sich Kontrollbedürfnisse mit der Zeit verselbständigen und zu einem eigenen Problem werden, was das ganze Leben beeinträchtigt.

Die verhaltenstherapeutische Behandlung von Menschen mit Zwangserkrankungen setzt immer an den durch die Problemanalyse herausgearbeiteten Gründen an, die für das aktuelle Auftreten der Zwänge verantwortlich sind.

Die direkte Therapie zum Abbau der Zwangshandlungen und der Gedanken erfolgt in der Regel durch Konfrontation mit den Objekten und Situationen, die die Angst hervorrufen. Genau das, was der Patient verhindern möchte, muß er tun bzw. darf er nicht mehr tun: Die Hände nicht mehr waschen, den Schmutz anfassen, Geldscheine berühren, den Lichtschalter zu oft betätigen, sich in Krankenhäusern aufhalten, Abfall direkt wegwerfen, die Treppe nur einmal herabgehen usw.

Der Patient kann dann die Erfahrung machen, daß bei fortwährendem Kontakt mit dem, was er nicht berühren möchte bzw. der Verhinderung dessen, was er bisher zwanghaft ausgeübt hat, die Anspannung und innere Unruhe nach einiger Zeit nachläßt oder ganz verschwindet. Dies muß so oft wiederholt werden, bis so gut wie keine

Angst mehr auftritt. Die Bedrohlichkeit läßt nach, und der Patient erlangt eine neue Sichtweise über Dinge und Tätigkeiten.

Während die verhaltenstherapeutische Behandlung von Menschen mit Kontroll- und Reinigungszwängen durch die vorhandenen Standardverfahren gute Erfolge aufweisen kann, sind die Behandlungschancen bei Menschen mit schweren und lang andauerenden Zwangsgedanken weniger erfolgreich, aber nicht aussichtslos. Die direkte Behandlung setzt entweder bei der Unterbrechung der Gedankenketten und dem Einfügen alternativer Überlegungen ein. Häufiger und effektiver sind das Erlauben und der gezielte sowie häufige und auch übersteigerte Einsatz der Problemgedanken, bis sie ihren Schrecken und ihren ritualen Charakter verlieren. Wichtig ist es zunächst einmal, daß der Therapeut/die Therapeutin die Gedanken erlaubt und den Patienten von seinen ebenso zwanghaften Versuchen erlöst, die Gedanken verhindern zu wollen. (»Je mehr Sie sich bemühen, Gedanken nicht zu denken, um so mehr verharren Sie darin. Versuchen Sie doch einmal an einen Eisbären *nicht* zu denken«.)

Mindestens genauso wichtig wie die direkte therapeutische Beeinflussung der Zwangsgedanken und -grübeleien ist die Suche nach Einstellungen, Lebenskonflikten und Defiziten, die die Zwangsgedanken fördern und ihre Aufrechterhaltung notwendig machen (Problemanalyse). Die therapeutischen Maßnahmen müssen in der Regel hier ansetzen.

3. Sexuelle Störungen

Sexuelle Störungen in der Verhaltenstherapie lassen sich mit folgendem, überlieferten Zitat treffend beschreiben:

»Sexualität ist etwas Natürliches, aber selten von Natur aus vollkommen. Wir sind mit unserem Körper zum

Erleben einer befriedigenden Sexualität geschaffen. Wir sind in der Lage, uns selbst kennenzulernen, Partnerschaften aufzubauen und eine lustvolle Sexualität zu lernen. Dort wo die Lernmöglichkeiten behindert werden, wo die Lernmöglichkeiten fehlen, wo Ängste aufgebaut werden, dort wird auch das Ausleben einer befriedigenden Sexualität behindert.«

Die herkömmlichen Begriffe sexueller Störungen, die sogenannten sexuellen Funktionsstörungen, sind zur Beschreibung im verhaltenstherapeutischen Denken ungeeignet. Ausdrücke wie Impotenz, Frigidität, Vaginismus, Orgasmusstörung oder vorzeitige Ejakulation vermitteln, daß es ein »richtiges« Sexualverhalten gibt und jedes Problem zu beheben sei. Diese medizinischen Begriffe lassen glauben, daß es nur eine richtige Art und Weise gibt, wie der Mann oder die Frau reagieren muß. Sie sind irreführend, da sie sexuelle Probleme als Krankheit abstempeln, die jedoch in Wirklichkeit sehr viel mehr mit der Erziehung zur traditionellen Frau und ihren negativen Vorstellungen vom Mann und dessen Bedürfnissen zu tun haben und umgekehrt. Nach Gerd Arentewicz und Günter Schmidt sagen Begriffe wie z. B. Frigidität und Impotenz nichts über Ursachen, aufrechterhaltende Bedingungen und therapeutische Ansatzpunkte aus. Darüber hinaus geben sie den Anschein, als lasse sich befriedigende Sexualität durch Herstellung der Funktion (wieder-)erlangen. Auch vermitteln diese Begriffe, es gäbe einen gestörten Partner, nämlich den mit der gestörten Funktion. Sexuelle Störungen als Partnerschaftsstörungen, als Beziehungsprobleme bleiben so unberücksichtigt.

Eine Funktion bzw. eine Funktionsstörung stellt neben Intensität und Tiefe des Erlebens, neben Lust und Befriedigung nur einen kleinen Teil der Erlebnissphäre von Sexualität dar. Unzufriedene oder gestörte Sexualität läßt sich nicht exakt definieren, zu viele Ebenen und Aspekte sind daran beteiligt.

Wenn sexuelle Störungen durch ein Zusammenwirken vieler Faktoren entstehen und aufrechterhalten werden, spielen die organischen Ursachen eine eher geringe Rolle. Dennoch müssen auch organische Ursachen abgeklärt werden.

Die wichtigsten Ursachen bzw. aufrechterhaltenden Bedingungen sexueller Störungen lassen sich im psychosozialen Kontext finden. Sexualwissenschaftler sind sich einig, daß fünf Bereiche unterschieden werden können:

1. *Erwartungsängste*, die sich in einem Teufelskreis aufschaukeln. Die Funktionsstörung oder die gehemmte Lust bestätigen die Richtigkeit der Erwartungsängste und verstärken sie, und sie verstärken auch die Störung der Funktion.

BEISPIEL:

Ein Mann bekommt nach starkem Alkoholgenuß in einer sexuellen Situation keine Erektion. Wenn er die fehlende Gliedsteife nicht dem Alkohol zuschreibt, sondern Angst vor dem Versagen als Mann entwickelt, wird er die nächste sexuelle Begegnung vor allem mit dem Gedanken aufsuchen, daß er sich nun beweisen muß, kein Versager zu sein. Folge: Sein Penis »versagt ihm den Dienst«. Die Erwartungsangst verhindert noch stärker das gewünschte Funktionieren, und dies wiederum erhöht die Erwartungsangst. Der sich selbsterhaltende Teufelskreis sexueller Störungen wird beschleunigt durch ängstliche Selbstbeobachtung und Minderwertigkeitsgefühle, häufig auch durch eine zunehmend fordernde oder feindselige Haltung des Partners.

2. *Defizite in Erfahrungen und Fertigkeiten.* Falsche Vorstellungen über sexuelle und körperliche Abläufe existie-

ren, problematische Normen, Erwartungen und Mythen prägen und behindern die Sexualität, Vorbilder als Modelle für Erleben von Erotik und Zärtlichkeit fehlen usw.

3. *Persönliche Ängste und Konflikte*, die sich in der sexuellen Störung ausdrücken und in der die Störung eine Funktion für das psychische Gleichgewicht des betroffenen Mannes oder der betroffenen Frau hat. Diese zum Teil tiefsitzenden Ängste vor dem anderen Geschlecht, vor dem eigenen Versagen, Gewissensängste und religiöse Motive lassen die sexuelle Erregung und den Orgasmus als Gefahr und Bedrohung erleben.

4. *Partnerkonflikte* können sich in der sexuellen Störung ausdrücken. Die sexuellen Störungen nehmen eine Bedeutung innerhalb der Partnerschaft ein.

5. Im Zeitalter von *Aids* ist noch eine weiteres Problem hinzugekommen. Unwissenheit über Infektionsmöglichkeiten, geringes Wissen über den Partner bzw. die Partnerin oder Furcht vor einer vielleicht vorliegenden eigenen Infektion erzeugen Angst und können zu verschiedenen sexuellen Störungen führen.

Sexuelle Störungen entstehen in der Regel aus einer Kette von unterschiedlichen Erfahrungen in verschiedenen Lebensabschnitten. Selten gibt es nur *eine* einzige aufrechterhaltende Bedingung oder Ursache dafür.

Bei der Therapie der unter 1. und 2. beschriebenen Gründe für die sexuelle Problematik gehört zu den ersten Schritten die Aufarbeitung von Informationslücken und Lerndefiziten, verbunden mit offenen Gesprächen über sexuelle Wünsche. Es folgt eine Phase körperlicher Selbsterfahrung, in der der Patient/die Patientin einen angstfreien Umgang mit der eigenen Sexualität, mit dem eigenen Körper und mit den eigenen Körpergefühlen lernt. Dabei werden erste Ängste und Hemmungen bewältigt. Therapeutische Methoden können neben dem Gespräch neue Erfahrungen oder Angstabbau durch Übungen und Phantasiearbeit sein.

PatientInnen ohne PartnerIn können in der Einzeltherapie oder in der Gruppenpsychotherapie verhaltenstherapeutische Hilfe bei ihren Problemen finden. In der Einzelbehandlung werden unter anderem kognitive und emotionale Verfahren eingesetzt, die die Aufarbeitung von Wissensdefiziten und die Entzauberung von sexuellen Mythen unterstützen. Neben der körperlichen Selbsterfahrung, in der auch die Selbstbefriedigung einen wichtigen Stellenwert hat, kommt der Phantasiearbeit bei Menschen mit sexuellen Problemen eine wesentliche Bedeutung zu. Durch die Arbeit mit Phantasien können Ängste abgebaut werden, Bedürfnisse erkannt und in der Vorstellung erprobt und ausgelebt werden. In der Gruppentherapie stehen vor allem soziale Ängste und fehlende soziale Kompetenzen im Vordergrund.

Besteht eine Partnerschaft, ist es sinnvoll, mit beiden Partnern zu arbeiten. Im Anschluß an die oben besprochene kognitive Therapiephase und eine »Etappe« körperlicher Selbsterfahrung erfolgen Verhaltensübungen der Partner. Beide lernen schrittweise, Ängste im sexuellen Zusammensein abzubauen und neue positive Erfahrungen zu machen.

Ziel aller Interventionen ist es, die einseitige Ausrichtung auf Koitus und Orgasmus aufzugeben, Ängste abzubauen, eigene Gefühle und Körperreaktionen wahrzunehmen und zuzulassen und als neue positive Erfahrung zu erleben. Nach Körpererkundungen folgen stimulierendes Streicheln, Spielen mit sexueller Erregung, Spielen mit der Einführung des Penis in die Scheide als Erweiterung des stimulierenden Streichelns, spielerisches und erregendes Zusammensein beim Koitus, erregender und leidenschaftlicher Geschlechtsverkehr.

Je nach der Art der sexuellen Probleme und Ausprägungen, beim Mann oder bei der Frau, gibt es eine Reihe zusätzlicher und spezieller Übungen und Verfahren, die ergänzend auf die spezifische Problematik bzw. Funktionsstörung ausgerichtet sind (bei der Verkrampfung der Scheide, bei der zu frühen Ejakulation, beim zu späten oder noch nie erlebten Orgasmus.)

VII. Kritische Reflexion

Die Verhaltenstherapie war in ihren frühen Anfängen heftiger und teilweise auch polemischer Kritik ausgesetzt. Diese ist in den letzten Jahren zunehmend abgeklungen. Das kommt sicher auch daher, daß VerhaltenstherapeutInnen ihrerseits die Angriffe auf andere Therapierichtungen weitgehend eingestellt haben. In dieser gewandelten Atmosphäre fällt es zweifellos auch ihren Gegnern leichter, die Vorteile der Verhaltenstherapie zumindest teilweise anzuerkennen.

Die wichtigsten früher und zum Teil heute noch bestehenden Kritikpunkten an der Verhaltenstherapie sollen im folgenden kurz aufgegriffen und kommentiert werden:

- *Verhaltenstherapie führt zur Symptomverschiebung.* Die Kritik, Verhaltenstherapie behandle nur die Symptome und nicht »die dahinterliegenden Ursachen«, daher müsse sich eine Symptomverschiebung einstellen, ist unbegründet. Langzeitstudien haben bewiesen, daß Menschen nach verhaltenstherapeutischer Behandlung über einen großen Zeitraum von fünf und mehr Jahren hinweg die erreichten Veränderungen beibehalten konnten. Außerdem bewirkt die erfolgreiche Behandlung spezifischer Probleme meistens die positive Veränderung weiterer Schwierigkeiten und Konflikte. Hier kommen insbesondere die Selbstheilungskräfte des Menschen zum Tragen. Mißerfolge durch Verhaltenstherapie treten in der Regel dann auf, wenn der Erstellung der Problemanalyse nicht ein wichtiger und fachlich kompetenter Raum zukam und die korrigierende Funktion des diagnostisch-therapeutischen Prozesses nicht konsequent verfolgt wurde.
  Treten neue Probleme nach sehr langer Zeit auf, müssen diese nicht zwingend einer fehlerhaften Therapie

angelastet werden, sondern sind vermutlich Auswirkungen einschneidender neuer Konflikte im Leben dieses Menschen.

- *Verhaltenstherapie manipuliert und paßt an.*
  Viel stärker als jede andere Therapierichtung hat die Verhaltenstherapie durch ihre Konzepte der sorgfältigen Problem- und Zielanalyse die Möglichkeit, auch die gesellschaftlichen Bedingungen der psychischen Probleme aufzudecken und zu besprechen. Welche Konsequenzen PatientInnen aber aus diesen Einsichten ziehen, ist letztlich ihre alleinige Entscheidung.
  Besonders der Einsatz von Konditionierungsverfahren bei Kindern oder besonders zu schützenden Personen (z. B. schwer psychisch kranken Menschen, Menschen in schweren Krisen) setzte die Verhaltenstherapie dem Stigma der Manipulation aus. Natürlich: Wenn verhaltenstherapeutische Verfahren angewandt werden, um Ruhe und Ordnung auf psychiatrischen Stationen oder in Heimen aufrechtzuerhalten, kann man nur von einem Mißbrauch sprechen. Unmoralisches und unethisches Verhalten von TherapeutInnen ist nicht das Problem einer einzelnen Therapieform. Es kann bei jeder Therapierichtung und in jeder Beratungssituation auftreten, in der eine unsymmetrische Beziehung zwischen Hilfesuchendem und Fachperson besteht. Es wirft eher ein ungutes Licht auf die Fachperson und weist hin auf eine schlechte Ausbildung, ein falsches Verständnis der Helferrolle oder auf Mißachtung von der zwingenden Notwendigkeit berufsbegleitender Supervision. Die Mitwirkung des institutionellen Teams und der Bezugspersonen von Patientinnen sind bei den o. a. Patientengruppen bei den Ziel- und Verfahrensentscheidungen unbedingt notwendig.
  Darüber hinaus erleichtern gerade die Systematik und die Transparenz der Verhaltenstherapie das Erkennen von Behandlungsfehlern.

- *Verhaltenstherapie setzt Bestrafungstechniken ein.* Aversive Techniken und Bestrafungsmethoden sind unethisch und ihre Anwendung ist nicht vertretbar.
- *Die Verhaltenstherapie arbeitet mit Programmen.* Für einzelne psychische Probleme, z. B. Panikstörungen, soziale Ängste, Lernstörungen, wurden bestimmte Standardmethoden bzw. Kombinationen davon in einem festgelegten Ablauf wissenschaftlich erfolgreich überprüft.

  Daher werden diese Verfahrenskombinationen auch bei den jeweiligen Problemen in der überprüften Form angewandt. Voraussetzung ist aber immer eine individuelle Problemanalyse, die auf die sinnvolle Anwendung dieser Verfahren hinweist. Dann allerdings kann die Therapie in einer sehr ökonomischen Form durchgeführt werden, was sicherlich als Vorzug zu werten ist.
- *Die Verhaltenstherapie behandelt das Symptom und läßt die dahinterliegenden Ursachen unberücksichtigt.* Zum Bild des Menschen in der Therapie wurde bereits ausführlich Stellung genommen.

  Natürlich gibt es auch in und an der Verhaltenstherapie Kritik zu üben, z. B. an der noch zu geringen Forschung zur therapeutischen Beziehung oder an der Überbetonung der kognitiven Verfahren. Das sollte aber nur dazu ansporonen, das weltweit anerkannte und erfolgreiche Konzept der Verhaltenstherapie weiterzuentwickeln.

VIII. Die Beziehung der Verhaltenstherapie zu anderen Therapierichtungen

Die größten Streitigkeiten hat die Verhaltenstherapie von jeher mit der Psychoanalyse ausgetragen. Doch die Unstimmigkeiten sind abgeklungen. Manche Versuche unvoreingenommener Wissenschaftler zeigten einige Erfolge bei der Integration und dabei beide Richtungen auf ihre Gemeinsamkeiten hin zu untersuchen.

Auch mit der Gesprächspsychotherapie hat die Verhaltenstherapie zahlreiche Übereinstimmungen gefunden. So z. B. bei der Gestaltung der Therapeut-Patient-Beziehung, in der Gesprächsführung, bei den Modellen der Problemlösung, in Ausbildungskonzepten und in der Kombination der Verfahren bei bestimmten psychischen Problemen. Verhaltenstherapeutische Praktiker haben am häufigsten zusätzlich noch eine gesprächspsychotherapeutische Ausbildung. Insgesamt gesehen hat die Verhaltenstherapie, entsprechend ihrer Offenheit für Grundlagenforschung, ein sehr aufgeschlossenes Verhältnis zu anderen Therapierichtungen. Dies in um so stärkeren Maße, wenn auch die anderen Verfahren einer wissenschaftlichen Überprüfung zugänglich sind.

Die meisten therapeutischen Integrationen finden natürlich in der Praxis statt, vor allem bei der Planung und Durchführung der Methoden zur Problemveränderung in Hinblick auf das zu erreichende Therapieziel.

Daß trotz der Offenheit für Integration die Annäherung an andere Therapierichtungen immer noch sehr mühsam ist, liegt vor allem daran, daß die Verhaltenstherapie nur ungern bereit ist, die Anwendung der wissenschaftlichen Psychologie auf die Erklärung und Behandlung psychischer Störungen einzuschränken. Dies ist bis heute ein entscheidender Grundsatz bei der Entwicklung und Förderung der Verhaltenstherapie.

IX. Informationen für PatientInnen

1. Wichtige Adressen und Institutionen

Es gibt überregionale und regionale Fachverbände, bei denen man Informationen über Verhaltenstherapie erhalten kann.

Fachverbände

- Deutsche Gesellschaft für Verhaltenstherapie (DGVT), Postfach 1343, 72003 Tübingen, Tel.: 0 70 71-4 12 11
- Deutscher Fachverband für Verhaltenstherapie (DVT), Bassermannstr.27, 68165 Mannheim, Tel.: 06 21-41 11 21
- Gesellschaft für Klinische Psychologie und Beratung, Hansaring 67, 48155 Münster, Tel.: 02 51-6 00 41
- Tübinger Akademie für Verhaltenstherapie (TAVT), Waldhäuser Str. 48, 72076 Tübingen, Tel.: 0 70 71-61 08 38

Einrichtungen, die *ambulante Verhaltenstherapien* durchführen und Auskünfte über Psychotherapieeinrichtungen geben können:

- Insbesondere die Psychotherapieambulanzen der Psychologischen Fakultäten/Institute der Universitäten (z. B. Universität Bochum – »Zentrum für Psychotherapie« Tel.: 02 34-7 00 77 88 (hier erhalten Sie weitere Informationen und Adressen).
  Bamberg Tel.: 09 51-6 66 75,
  Braunschweig Tel.: 05 31-3 91 36 04,
  Darmstadt Tel.: 0 61 51-16 52 13,

Dresden Tel.: 03 51-4 63 69 60,
Düsseldorf Tel.: 02 11-3 11 21 40,
Gießen Tel.: 06 41-7 02 54 15,
Hamburg Tel.: 0 40-65 41 22 55,
Heidelberg Tel.: 0 62 21-54 73 50,
Mainz Tel.: 0 61 31-39 46 22,
Marburg Tel.: 0 64 21-28 57 40,
Münster Tel.: 02 51-83 41 40,
Wuppertal Tel.: 02 02-4 39 20 24.

- Psychologische Beratungsstellen der Städte und Gemeinden, sowie der evgl. und kath. Kirche.
- Christoph-Dornier-Stiftung, Tibusstr., 48153 Münster, Tel.: 02 51-4 81 00

Die Krankenkassen und die Gelben Seiten der Telefonbücher informieren über niedergelassene Psychotherapeuten/Psychotherapeutinnen.

Für Menschen mit unterschiedlichen psychischen Störungen gibt es kompetente Selbsthilfegruppen in verschiedenen Städten und Regionen. Auskunft erteilt die »Deutsche Gesellschaft für Selbsthilfe« in Berlin (Tel.: 030-8 91 40 19).

Zu den *stationären Verhaltenstherapieeinrichtungen* gehören vor allem verschiedene psychosomatische Kliniken (Adressen über den Deutschen Fachverband für Verhaltenstherapie), des weiteren das Christoph-Dornier-Centrum Münster s. o., die Psychiatrische Klinik des Universitätskrankenhauses Hamburg-Eppendorf (Tel.: 0 40-47 17 42 25), das Max-Planck-Institut in München (Tel.: 0 89-30 62 20).

2. Was die Krankenkasse zahlt

Die gesetzlichen Krankenkassen zahlen ambulante verhaltenstherapeutische Behandlungen als Kurzzeittherapie bis 25 Stunden und als Langzeittherapie bis 40 oder mehr Stunden. Bezahlt wird die Verhaltenstherapie durch dafür ausgebildete Diplom-PsychologInnen oder speziell in Verhaltenstherapie ausgebildete ÄrztInnen, und zwar im sogenannten Erstattungs- oder im Delegationsverfahren. Eine Antragstellung bei der Krankenkasse ist erforderlich.

Bei privaten Krankenkassen gelten spezielle Regelungen.

Selbstzahler müssen in der Regel mit ca. 120 DM pro Therapiestunde rechnen. Höhere Sätze versprechen nicht unbedingt bessere Therapien. Sprechen Sie auf jeden Fall vorher über die Honorare.

3. Zur Qualifikation von VerhaltenstherapeutInnen

Heilkundliche Verhaltenstherapie wird in der Regel von PsychologInnen und teilweise auch von ÄrztInnen angeboten.

Voraussetzung für die qualifizierte Durchführung von Verhaltenstherapien ist eine abgeschlossene drei- bis fünfjährige Weiterbildung in diesem Therapieverfahren nach Abschluß der Berufsausbildung.

Solche Weiterbildungen bieten vor allem an:

- Die Deutsche Gesellschaft für Verhaltenstherapie (DGVT), z.T. mit der FernUniversität Hagen,
- verschiedene psychologische Universitätsinstitute (hier ist es eine Weiterbildung in Klinischer Psychologie und Psychotherapie) und
- die im Deutschen Fachverband für Verhaltenstherapie

(DVT) zusammengeschlossenen VT-Ausbildungsinstitute.
Während der Ausbildung in den genannten Instituten können die Auszubildenden bereits qualifizierte Verhaltenstherapien unter Supervision, also unter begleitender Kontrolle von Experten, durchführen.

Wer wegen psychischer Probleme eine Verhaltenstherapie bei einem/einer niedergelassenen Therapeuten/Therapeutin durchführen möchte, sollte sich bei der Anmeldung nach der Qualifikation und der bisherigen Erfahrung erkundigen.

Weiterführende Literatur

Arentewicz, Gerd & Schmidt, Günter: Sexuell gestörte Beziehungen. Berlin 1980.

Brasch, Christine; Richberg, Inga-Maria: Die Angst aus heiterem Himmel. München 1990.

Cramer, Barbara: Verhaltenstherapeutisches Trainingsprogramm für fehlhörige Kinder – Teil 1 + 2. Tübingen 1990.

Fliegel, Steffen; Groeger, Wolfgang; Künzel, Rainer; Schulte, Dietmar; Sorgatz, Hardo: Verhaltenstherapeutische Standardmethoden. Weinheim 1994.

Fliegel, Steffen; Heyden, Thomas: Verhaltenstherapeutische Diagnostik. Tübingen 1994.

Franke, Alexa: Gruppentraining gegen psychosomatische Störungen. Weinheim 1984.

Franks, Cyril; Wilson, Terence u. a.: Jahresrückblicke der Verhaltenstherapie. Tübingen 1985.

Grawe, Klaus; Donati, Ruth; Bernauer, Friedericke: Psychotherapie im Wandel. Göttingen 1994.

Grosse, Siegfried: Bettnässen. Weinheim 1986.

Hautzinger, Martin; Linden, Michael (Hrsg.): Verhaltenstherapie. Berlin 1993.

Hautzinger, Martin; Stark, Wolfgang; Treiber, Renate: Kognitive Verhaltenstherapie bei Depressionen. Weinheim 1989.

Heyden, Thomas; Reinecker, Hans; Schulte, Dietmar; Sorgatz, Hardo: Verhaltenstherapie – Theorien und Methoden. München 1986.

Hoffmann, Nicolas: Wenn Zwänge das Leben einengen. Mannheim 1990.

ders.: Verhaltenstherapie und Kognitive Verfahren. Mannheim 1990.

Mahoney, Michael: Kognitive Verhaltenstherapie. München 1977.

Merkle, Rolf: Wenn das Leben zur Last wird. Mannheim 1991.

Merod, Rudi; Stark, Arnold; Strauß, Ewald; Vogel, Heiner; Zilly, Georg (Hrsg.): Verhaltenstherapeutische Fallberichte. Tübingen 1994.

Miltner, Wolfgang; Birbaumer, Nils; Gerber, Wolf-Dieter: Verhaltensmedizin. Berlin 1986.

Petermann, Franz; Petermann, Ulrike: Training mit aggressiven Kindern. Weinheim 1988.

Pfingsten, Ulrich; Hinsch, Rüdiger: Gruppentraining sozialer Kompetenzen. Weinheim 1991.

Zimmer, Dirk (Hrsg.): Die therapeutische Beziehung. Tübingen 1983.

ders.: Sexualität und Partnerschaft. Weinheim 1986.

Stichwortregister

Verzeichnis der Grafiken